农作物育种态势研究丛书

Research on the development status and breeding
situation of global vegetable industry

全球蔬菜产业发展现状及育种态势研究

林 巧　杨小薇　孔令博　何 微　王晓梅　聂迎利　辛竹琳◎著

電子工業出版社·

Publishing House of Electronics Industry

北京·BEIJING

内 容 简 介

本书以德温特创新索引数据库、德温特创新平台数据库、Web of Science™核心合集数据库、联合国粮食及农业组织为数据源，全面调研并分析了全球及中国蔬菜产供需发展现状，以辣椒、甘蓝为例，收集了全球涉及辣椒育种和甘蓝育种的相关专利、论文数据，系统分析了辣椒育种和甘蓝育种专利的申请特征和论文的发展态势，挖掘了辣椒育种和甘蓝育种的科学研究焦点及技术发展路线，深入阐述了辣椒育种和甘蓝育种关键技术的演变规律，对巩固辣椒、甘蓝等蔬菜种业在蔬菜产业中的"芯片"地位，促进中国蔬菜高质量发展与保障粮食供给安全提供有效的意见与建议。

本书无论对蔬菜领域的专业科研工作者，还是对相关从业人员，甚至涉农相关行业人员，都具有较高的学习与参考价值；对于未来蔬菜遗传育种、基础研究及产业发展等具有重要的指导意义。

本书适合政府科技管理部门、科研机构管理者及相关学科领域的研究人员阅读参考。

图书在版编目（CIP）数据

全球蔬菜产业发展现状及育种态势研究 / 林巧等著 . —北京：电子工业出版社，2023.12
（农作物育种态势研究丛书）

ISBN 978-7-121-46525-3

Ⅰ . ①全…　Ⅱ . ①林…　Ⅲ . ①蔬菜产业 – 产业发展 – 研究 – 世界　Ⅳ . ① F316.13

中国国家版本馆 CIP 数据核字（2023）第 199880 号

责任编辑：徐蔷薇

印　　刷：北京市大天乐投资管理有限公司
装　　订：北京市大天乐投资管理有限公司
出版发行：电子工业出版社
　　　　　北京市海淀区万寿路 173 信箱　　邮编：100036
开　　本：720×1 000　1/16　印张：11.5　字数：184 千字
版　　次：2023 年 12 月第 1 版
印　　次：2023 年 12 月第 1 次印刷
定　　价：138.00 元

凡所购买电子工业出版社图书有缺损问题，请向购买书店调换。若书店售缺，请与本社发行部联系，联系及邮购电话：（010）88254888，88258888。

质量投诉请发邮件至 zlts@phei.com.cn，盗版侵权举报请发邮件至 dbqq@phei.com.cn。

本书咨询联系方式：xuqw@phei.com.cn。

前　言

　　蔬菜是人们生活饮食中必不可少的食物种类之一，是人体必需的维生素与矿物质的主要来源，在全球农作物种植方面占有重要地位。作为中国种植业中产量仅次于粮食的第二大农作物，守好百姓的"菜篮子"是关乎民生的大工程，目前，中国蔬菜已形成了以种植、加工、贸易为主的产业链体系。蔬菜种业是蔬菜产业持续发展的有力保障，是提高中国种业科技竞争力与维护国家食品安全的坚实基础。近年来，中国蔬菜虽然种植面积稳步增加、产量大幅增长、贸易量持续扩大，但仍面临优质种质资源保护不足，部分蔬菜品种依赖国外种质资源等难题，随着耕地面积减少、农村劳动力不足等不良因素的影响，蔬菜产业对蔬菜种业的发展提出了更高的要求。全面分析中国蔬菜产业现状与种业发展现状，提出切实保障中国蔬菜种业发展的对策尤为重要。

　　蔬菜育种历史悠久，在《齐民要术》中就曾记载过蔬菜种子的选择、检验、保留、繁育等工序，如今，中国蔬菜育种方式呈现多样化、传统育种方式与现代育种方式结合的特点，近年来，随着生物技术的发展，蔬菜育种方式深入分子层面。分子标记辅助育种技术与传统育种技术相结合，加快了育种进程，提高了育种效率。杂种优势育种技术成效显著，抗病育种技术应用广泛，中国的蔬菜育种工作已进入理论基础与科学实践相结合的新阶段。辣椒、甘蓝等蔬菜是中国的主要食用品种，研究人员对主要蔬菜品种的育种研究做了大量工作，已取得多项突破性成就。例如，对控制甘蓝重要性状的基因进行定位，培育出"中甘 628""中甘 828""中甘 56"等品质优良的新品种；"新科 16""明椒 10 号"等辣椒的杂交新品种抗病性优良，果实风味与维生素含量进一步提升。

　　深入探索研究提高中国蔬菜育种水平与科技竞争力的路径，以推动中国蔬菜产业高质量发展，对中国实现农业现代化发展意义重大。本书梳理了近二十年来全球蔬菜产业的发展历程，总结了中国蔬菜种业取得的成就及现存的问题，并提出了相应的发展建议。本书还汇集了辣椒、甘蓝育种领域的专利与论文文献信息，从多角度全面、深入地揭示辣椒、甘蓝育种领域的全球技术布局，客观展示了学科和产业整体发展态势。本书对从事蔬菜遗传育种相关的科研、产业和管理人员等具有重要参考价值，将为中国集中资源攻关、加速蔬菜科技创新、提升核心竞争力提供强有力的科技信息支撑。

目 录

▶ 1.1 研究背景

蔬菜是指可以做菜、烹饪成为食品的一类植物或菌类。蔬菜是人们日常饮食生活中必不可少的食物之一，它为人体提供了多种必需的维生素与矿物质。据联合国粮食及农业组织（Food and Agriculture Organization of the United Nations，FAO）统计，人体必需的维生素 C 的 90%、维生素 A 的 60% 来自蔬菜。按照植物学分类法，主要食用蔬菜种类集中于八大科，分别是十字花科、伞形科、茄科、葫芦科、豆科、百合科、菊科和藜科；按照食用器官分类法，可以将主要可食用蔬菜分为根菜类、茎菜类、叶菜类、花菜类和果菜类。蔬菜类产品主要包括新鲜或冷藏蔬菜、冷冻蔬菜、干蔬菜和加工蔬菜等。

蔬菜是全球重要的农作物。2013 年以来，全球蔬菜总产量保持平稳增长态势。我国是世界第一人口大国，是全球最大的蔬菜生产国和消费国。从产量方面来看，蔬菜是我国种植业中仅次于粮食的第二大农作物，国家统计局统计结果显示，2021 年我国蔬菜总产量达到 77548.78 万吨，种植面积达到 21985.71 公顷。从各省蔬菜产量来看，山东、河南、江苏、河北均是我国蔬菜大省。海关总署公布数据显示，我国是全球蔬菜的重要供应基地，进出口总额及总量均在不断增加，其中出口量明显大于进口量。2020 年受新冠疫情影响，国内蔬菜进口量减少，出口量增加，主要出口销往地为印度尼西亚、越南、美国，主要进口来源地则为印度；2021 年中国蔬菜出口量略有下降，但进口量有所增加。

改革开放以来，蔬菜产业发展迅速，保障了农产品的市场供应，促进了我国农业结构的调整，同时优化了居民的饮食结构，增加了居民膳食纤维和维生素的摄入量，提高了人民生活水平。我国蔬菜产品在种类、质量等方面不断提高。蔬菜种业是蔬菜生产的坚实基础，其发展不仅关乎人们生活的"菜篮子"，更关乎国家农业战略。蔬菜种业是农业高科技战略性产业，种业实力的增强既能提高我国科技的竞争力，也能引领我国蔬菜产业发展向高质量、高效益转型，对于维护国家食品安全与农产品有效供给至关重要。如何全面提升我国蔬菜育种的科技竞争力，引领中国蔬菜产业的高质量发展，是对中国农业科技工作者的考验。

1.1.1　蔬菜产业在中国经济发展中的重要地位

1.1.1.1　中国蔬菜产业现状

蔬菜是中国重要的农作物，是人们日常生活中不可缺少的副食品，在国民经济中占有重要地位。蔬菜消费量巨大，主要品种包括大白菜、辣椒、菠菜、番茄、马铃薯等。我国是全球最大的蔬菜生产国和消费国，产业发展现状主要可以从蔬菜生产、贸易与企业等方面进行分析。目前，中国蔬菜产业面临过量施用农药化肥、出口目的地过于集中、蔬菜育种制约产业发展、缺乏特色蔬菜品牌等问题。中国蔬菜产业发展趋势总体呈现蔬菜总产量增加、增速稳定、种植面积增加、单位面积产量增加、出口量增加、进口量低于出口量等特点。

1.1.1.2　中国蔬菜生产现状

进入 21 世纪以来，中国蔬菜产量和种植面积总体上均呈增长状态，图 1.1 为 2000—2019 年中国蔬菜产量和种植面积统计。2000—2019 年中国蔬菜种植面积及产量保持快速、稳定增长，蔬菜产量在 2019 年超过 59000 万吨，单产达到 23472.89 千克 / 公顷。

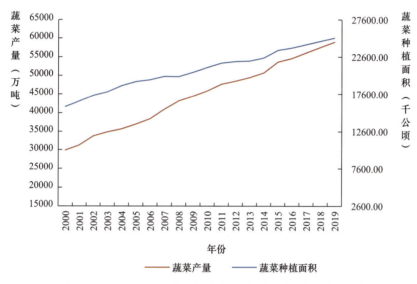

图 1.1　2000—2019 年中国蔬菜产量和种植面积统计

数据来源：FAO。

1.1.1.3　中国蔬菜贸易现状

2000—2019 年中国蔬菜进出口量数据统计如图 1.2 所示。可以看出，中国蔬菜出口量在波动中总体呈迅速增长趋势，2000—2007 年蔬菜出口量迅速增长，2007—2009 年出现短暂下降后，2009—2011 年又恢复迅速增长趋势，2011—2019 年出口量略有波动，但总体呈增长趋势，2019 年蔬菜出口量突破 1000 万吨，达到 1043.81 万吨。中国蔬菜进口量明显低于出口量，2000—2010 年蔬菜进口量在保持稳定的同时有小幅度增长，平均进口量为 100.70 万吨；2011—2019 年平均进口量为 147.62 万吨，增幅为 46.59%。

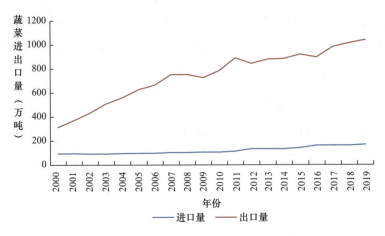

图 1.2 2000—2019 年中国蔬菜进出口量数据统计

数据来源：FAO。

1.1.1.4 中国蔬菜产业化现状

中国蔬菜产业化整体形势向好，全国各地蔬菜产业发展水平不同，不同省份的蔬菜产业化程度不同，农业生产大省的整体竞争能力比较强，如山东、河南、江苏等。东部地区的蔬菜产业化程度较西部地区要高，在市场、运输等方面具有一定的优势。蔬菜的市场化程度提高，具有蔬菜品牌优势的企业以国家级龙头企业和现代大型企业为主，蔬菜的特色品牌不断增加。但发展过程中仍存在一些问题，如特色品种蔬菜不足，蔬菜品牌化有待加强，农业生态环境问题突出等。

1.1.2 蔬菜育种在蔬菜产业中的基础性作用

常规育种是 20 世纪五六十年代进行蔬菜育种的主要方式，也是蔬菜育种过程中最基础的育种方式之一。常规育种主要利用收集地方优良品种的方式进行选育，培育成常规品种后再推广至生产中。但是这种育种方法的适用范围较小，不能满足当前社会逐渐多样化的需求。20 世纪 70 年代以后，中国开始进行杂种一代的选育工作，选育了自交不亲和系、雌性系、雄性不育系等，解决了大批量杂交制种的问题。近年来，随着分子生物学、功能基因组学、群体遗传学、基因芯片和高通量测序等技术的快速发展，蔬菜作物重要性状的遗传基础得到了深入解析，从而促进了分子育种技术的不断优化。分子育种技术的现代化缩短了育种年限，提高了育种效率，能够增强蔬菜作物抗性、提高产量、改善品质，成为当前蔬菜作物育种的主流技术[1]。基于人们对控制性状的基因或位点的了解，当前分子育种技术主要包括分子标记辅助育种和基因编辑育种。基因编辑育种代表当前最高的技术水平，也是全球育种业正在竞争的制高点。

1．提升新一代蔬菜育种技术，增强国际竞争力

以全基因组选择育种、转基因技术、基因编辑等为代表的生物育种技术，已经成为国际育种的前沿技术和提高国际竞争力的重点之一。近年来，国际种业巨头公司将中国种业市场作为目标，包括全球种业前十强在内的 70 多家国际种企进入中国。种子是现代农业的基石，更是确保国家粮食安全的源头。我国作为农业大国，更应重视种业发展的基础地位与战略意义。中央经济工作会议在谈及"解决好种子和耕地问题"时，提到了"卡脖子"一词，要求"开展种源'卡脖子'技术攻关，立志打一场种业翻身仗"，更是体现出提高育种能力的重要性和紧迫性。蔬菜种业是蔬菜生产的基础，其良性可持续发展关乎人民生活质量与国家农业战略。因此，全面提升我国蔬菜种业科技竞争力既是引领我国蔬菜产业高质量发展的首要之举，也是提高我国国际竞争力的要素之一。

2．培育高质量蔬菜品种，满足人民蔬菜需求

随着中国经济水平的不断提高，人们生活质量稳步提升，进而对食品的要求日益增加。国人蔬菜消费需求呈现高质化、个性化、功能多元化的趋势，消费观由"有菜吃就行"变为"吃菜关注营养和安全"，颜色、气味、形状、口感等成为评估蔬菜品质的重要因素。例如，蔬菜的主要品种之一——大白菜，原产于中国，并且是国内种植面积和消费量排在第1位的蔬菜，但目前国内对春大白菜的品质与球色育种方面略有不足，而日本橙色大白菜、韩国紫色大白菜相较于国内大白菜而言更具有外形优势，并已经进入中国市场；韩国的白萝卜比国内的萝卜更修长，品相更好，汁多渣少、耐于储藏，更受农民与消费市场的重视；国内胡萝卜也是以日本、韩国的种子为主，因为日本与韩国在育种过程中更加注重保持"三红"，即胡萝卜的皮、肉及心的颜色一致性。所以应进一步加强种质资源建设，尤其是品质育种，培育满足市场与不同人群需要的新品种。

3．培育良种，推动蔬菜企业发展

在黄瓜、茄子、辣椒及大白菜等主要蔬菜品种方面，国内育种技术已达到较高水平，国外种子在口感等方面均不如国内种子。国外种子主要用于出口蔬菜方面，尽管国内本土培育的蔬菜在口感、味道等多方面具有优势，但大部分蔬菜保鲜期短且不宜长途运输，而国外种子培育出的部分蔬菜耐运输且适宜大规模收割，便于企业进行出口贸易，如彩椒、甜椒及一些较高档的硬粉番茄主要采用国外种子进行种植，用于蔬菜出口。所以大力发展蔬菜种业，培育适合出口的良种，能够推动企业发展蔬菜出口贸易，促进我国蔬菜贸易的发展。

1.1.3　全球蔬菜育种研究进展

1.1.3.1　全球蔬菜育种研究现状

蔬菜育种是农业中重要和具有挑战性的领域之一，因为与主要是显性或隐性性状结合的粮食作物育种不同，在蔬菜育种中，特定基因的作用及其在特定环境条件下的表达规则变得更加复杂和具有挑战性。目前国际上蔬菜育种策略主要有三种，分别是种质资源积累、生物技术方法和杂交[2]。

1．种质资源积累

种质资源又称遗传资源，是携带生物遗传信息的载体，具有实际或潜在的利用价值。蔬菜种质资源包括各种蔬菜的栽培种、野生种、野生和半野生近缘种，以及人工创造的品种、品系、遗传材料等的种子、组织、器官、细胞、染色体、DNA 片段和基因等[3-4]。蔬菜种质资源是生物多样性的重要组成部分，是蔬菜科学研究和蔬菜生产可持续发展的物质基础。植物育种中的每次重大突破，都与重要资源材料的发现与利用相联系。荷兰、美国、以色列、日本等发达国家育种起步较早，培育出了许多蔬菜优良品种和优异的种质资源材料。

2．生物技术方法

生物技术即生物工程技术，是由基因工程、细胞工程、酶工程和发酵工程四大体系组成的现代高新技术，它以基因操作为核心，利用生物体（或生物组织、细胞及其组分）的特性和功能，设计构建具有预期性状的新物种或新品系。由于生物技术在解决人类面临的重大问题，如粮食、健康、环境和能源等方面将开辟广阔的前景，因此越来越被各国政府和企业界所关注，与信息、新材料和新能源技术并列成为影响国计民生的四大科学技术支柱，是 21 世纪高新技术产业的先导。

近年来，生物技术被越来越多地应用在农业中。生物技术在蔬菜育种上的应用主要有作物组织培养技术、体细胞杂交技术、转基因育种技术和分子标记育种技术等[5]。相对于传统育种而言，生物技术育种效率更高，可使农业经济达到高产、高质、高效的目的。传统的育种方法需要五到六代才能将一个物种内的性状转移到高产的当地适应性栽培品种中，并且必须种植大量后代以选择具有适当性状组合的植物。开发的改良品系必须经过一系列多地点测试，才能确定农民种植的品种。这个过程至少需要 7 ～ 10 年的时间。然而，遗传转化提供了从其他物种获得基因的途径，这些基因可用于生产转基因作物，改变基因表达水平，以及改变基因表达时空模式的能力。在蔬菜育种中，这个时间会更短，因为与粮食作物相比，大多数蔬菜作物的寿命要短得多。

3．杂交

自 20 世纪 20 年代以来，杂交种子开始被应用于多种蔬菜生产，杂交种优势在蔬菜上的研究也陆续开展。杂交种的开发是蔬菜育种的重点，其在产量、早熟性、生长势和抗逆性等方面往往显著优于自交种。近年来，由于分子生物技术在基因组、转录组和蛋白质组等水平上的进步，蔬菜杂交种优势的研究取得了进展[6]。但在目前，蔬菜杂交种优势的遗传机制研究仍然较为薄弱，杂交种优势的预测和固定技术尚不成熟，限制了杂交种优势的精准、高效利用。因此，研究杂交种优势的遗传调控机制、梳理杂交种优势的预测和大规模制种技术，进而结合分子标记技术和多组学技术，系统提出蔬菜杂交种优势利用的育种策略，成为亟待解决的问题。

1.1.3.2 全球蔬菜育种研究进展

借助基因组信息，主要蔬菜作物基因组测序的完成大大加速了分子育种进程。结合参考基因组信息、基因组重测序和基因分型，已经开发了一些新的识别方法来识别重要的农业性状并应用于大多数蔬菜作物。基因组编辑技术的不断进步，为蔬菜作物新品种的培育提供了新的前景。

1．基因组编辑技术

基因组编辑技术允许对基因组中的 DNA 序列进行操作，以精确去除或替换生物体中的特定序列，从而导致靶向突变。在植物中，基因组编辑是一种改变基因功能以产生改良作物品种的有吸引力的方法。与经典的突变育种相比，基因组编辑被认为易于使用，并且具有较低的脱靶效应风险。此外，基因组编辑技术工具还可以直接应用于包含复杂基因组和 / 或使用传统方法不易培育的作物。蔬菜作物基因组编辑技术可以迅速提高蔬菜育种效率。CRISPR-Cas9 机制目前已成为一种强大的通用基因组编辑工具，也可用于作物的靶向性状改良 [7]。已经有相关研究通过 CRISPR-Cas 应用对叶菜类蔬菜进行了编辑以改善性状。特别是通过将 Cas9 和 Cpf1-RNPs 递送到原生质体，一种无 DNA 基因组编辑方法已应用于生菜和卷心菜。PAPK J 等成功地通过聚乙二醇（Polyethylene Glycol，PEG）介导的转染将 CRISPR-Cas9 RNPs 传递到生菜原生质体中，随后利用原生质体的预期突变再生植物 [8]。

2. GWAS 育种方法

全基因组关联分析（GWAS）是一种高效地将表型和基因型进行关联并用于遗传作图和搜寻相关性状候选基因的方法，可同时对多个复杂性状进行关联分析，在蔬菜育种中应用日益广泛 [9]。其以连锁不平衡（Linkage Disequilibrium，LD）为基础，通过识别数百个或数千个个体定位群体中高密度的分子标记，一般是上万个甚至上百万个单核苷酸多态性（Single Nucleotide Polymorphism，SNP）标记，筛选出与复杂性状表现型变异相关联的分子标记 [10]。已有相关研究借用此方法进行研究，如 Bauchet 等借助 10000 个 SNP 标记对 300 份番茄的 60 种初级和次级代谢产物开展了全基因组关联分析，确定了 13 个初级代谢产物和 19 个次级代谢产物高度关联的位点。同时，还发现了 4 个基因组区域可控制几种代谢物变异，并发掘了决定代谢物含量的候选基因，揭示了番茄亚种复杂而独特的代谢物调控机理 [11]。

3. MAS 育种方法

分子标记辅助选择（Molecular Marker-assisted Selection，MAS）是利用与目标性状基因紧密连锁的分子标记进行间接选择，是对目标性状在 DNA 水平的选择，不受环境影响，不受等位基因显隐性关系干扰，具有达到作物产量、品质和抗性等综合性状的高效改良的优点。鉴于对蔬菜作物产量和质量的高要求，MAS 已成为基于基因型提高育种效率的基本育种方法[12]。例如，将一种以 SSR-seq 为靶点的新方法应用于黄瓜，也可以对不同种质中的许多 SSR 标记进行基因分型，并获得高度准确的结果，因为与以前开发的 SSR 标记相比，它具有高通量测序的大量覆盖特性和更低的成本。该方法也可用于开发区分不同生态型黄瓜的标记物[13]。

1.1.4 中国蔬菜育种研究进展

1.1.4.1 杂种优势育种技术成效显著

杂种优势育种已成为中国蔬菜育种的主要方法之一。中国蔬菜的杂种优势育种工作始于 20 世纪 70 年代，至今已建立起较完整的蔬菜杂种优势育种技术体系。主要蔬菜的杂交品种成为主要种植品种，如甘蓝品种"苏甘 27""中甘 628""中甘 1305"等满足了甘蓝市场消费多样化的需求，在品质、抗病、抗逆等方面有了进一步的提高。黄瓜经过杂交育种，选育的品种耐低温耐弱光、优质多抗，如广东省农业科学院育成的"早青 1 号"黄瓜品种，品质优良，抗霜霉病，耐寒性强。辣椒的杂交新品种抗病性优良，果实风味与维生素含量进一步提升，如河南农业科学院培育的"新科 16"、适宜福建春季种植的"明椒 10 号""豫椒 18 号"等。

1.1.4.2 抗病育种技术应用广泛

中国自 1983 年起开展蔬菜抗病育种工作，经过近四十年的探索，目前中国已掌握主要蔬菜品种的主要病害的生理小种及病毒病原的种群分布。蔬菜的抗病育种方法包括常规的杂交育种与分子标记辅助选择育种，在大白菜、番茄、甘蓝和辣椒等主要蔬菜品种的选育中成效显著。在十字花科蔬菜抗根肿病品种的选育中，李慧楠等[14]对 34 个供试大白菜品种进行抗根肿病能力测试，筛选出 6 个可在陕西种植的大白菜品种。罗延青等[15]利用杂交育种，将根肿病高抗大白菜品种"康根 51"与甘蓝型油菜进行杂交，获得了对云南特定根肿病具有抗性的甘蓝型油菜新品种，有利于油菜根肿病的抗病育种。由于根肿菌生理小种较多，筛选具有地域根肿病抗性的十字花科蔬菜的研究较多。通过选育抗病品种防治病害比化学防治、生物防治更经济有效。在选育番茄的抗病品种的过程中，通常将常规育种与分子标记辅助选择育种等分子生物技术相结合，如通过杂交选育的高抗叶霉病的"辽粉 186"[16]和抗黄化曲叶病毒病的"园艺504"，番茄抗灰叶斑病 Sm 基因[17]、抗晚疫病 Ph-3 纯合基因[18]、抗斑萎病毒病 Sw-5 基因[19]的分子标记与检测为番茄抗病育种材料的鉴定与筛选奠定了基础。蔬菜抗病育种需要优良的种质资源与优异种质的创新，优良的种质资源是良种培育的基础，中国在重视蔬菜品种收集的同时，将高新技术与常规育种方式相结合，加快了对抗病蔬菜品种的培育。

1.1.4.3　分子标记辅助选择育种技术持续优化

随着人民对于蔬菜品质要求的提高，传统的育种技术已无法满足蔬菜育种要求。分子标记辅助选择育种具有缩短蔬菜育种年限、提高产量、可精准选择目的等优良特点，成为蔬菜作物育种的主要应用技术。目前，中国自主研发了与控制重要性状基因紧密连锁的分子标记技术，分子标记辅助选择的准确率达 85% 以上，番茄花叶病毒、甘蓝抗枯萎病、黄瓜抗黑星病等抗病基因的分子标记已经实际应用于蔬菜作物育种[20]。随着高通量分子标记检测技术的发展，蔬菜分子标记辅助选择育种在通量上得到提升与优化[1]。其中，建立以全基因组 SNP 为基础的全基因组选择技术平台是蔬菜育种的核心，中国蔬菜种业的高通量分子标记育种平台基本建成[21]。高通量测序鉴定蔬菜的抗性基因为蔬菜提供了育种新方法。侯富恩等[22] 利用序列特征化扩增区域（SCAR）标记技术筛选具有抗病基因的番茄株系，获得了抗性高、性状优良的自交系，为番茄抗病育种提供了新的种质资源。对蔬菜重要性状分子标记的开发将加快分子标记辅助育种的进程，魏爽等[23] 对黄瓜苗期耐热性进行筛选，在蔬菜的抗性性状筛选方面，经过全基因关联分析检测出 7 个与黄瓜苗期耐热性相关的基因位点，为黄瓜耐热性基因的挖掘和育种提供了理论依据；吴晓花等[24] 研究了 117 份瓠瓜微核心种质对白粉病的抗性，通过全基因组关联分析，鉴定了瓠瓜 13 个与白粉病抗性相关的 SNP 标记，促进了瓠瓜抗白粉病的分子育种。在辣椒的抗病性基因检测方面，Muhammad 等[25] 发现 CaChiVI2 基因与辣椒的耐热性和抗旱性密切相关，能够通过减少活性氧的积累和调节防御基因的表达使辣椒具有抗性，抗病基因的发现为辣椒分子标记辅助选择育种工作提供了帮助。

1.1.4.4　基因编辑育种技术亟待发展

2013 年，随着 CRISPR-Cas9 技术的出现与成熟，基因编辑育种技术通过合成 sgRNA 即可对基因进行修饰[26]。目前，基因编辑育种避免了在分子育种过程中加入外源基因，有效避免了转基因技术育种的不确定性，实现了对基因的可控，为蔬菜作物育种提供了新的方向。目前，基因编辑育种在国内蔬菜作物育种中针对番茄、大白菜、甘蓝等开展了基础研究，但并未广泛推广。

1.1.4.5　品质育种技术推广应用

在生物育种技术中，诱变育种、杂交育种、分子标记辅助选择育种及转基因育种已经是技术成熟的育种方式，目前全球育种业竞争的制高点是基因编辑技术。培育适应商业需求的新品种成为蔬菜育种的新目标。目前，中国在甘蓝、萝卜、辣椒等方面培育了多个优质品种，如"中甘 11 号""博辣红牛"等[27]。

1.2　研究的目的与意义

1.2.1　文献分析在农业领域的作用

文献是科学研究的基础，任何一项科学研究都必须广泛收集文献资料，在充分阅读资料的基础上，分析资料的各种形态，探究其内在联系，进而作更深入的研究。文献分析是指通过对收集到的文献资料进行研究，以探明研究对象的性质和状况，并从中引出观点和结论的分析方法。文献分析在知识创新系统中具有信息支持和保障的作用，是知识创新的一部分，存在于知识生产、扩散和转移等方面，与知识创新密不可分。

农业科学是研究农业发展自然规律和经济规律的科学，涉及农业环境、作物和畜牧生产、农业工程和农业经济等多种科学。随着农业科技创新速度的不断加快，生物技术和信息技术的飞速发展及其在农业中的广泛应用，农业科学在保持传统特色的基础上，正焕发着勃勃生机。文献分析对于农业学科发展至关重要，它通过对农业领域相关信息进行分析加工，从而得出对未来决策具有参考依据的关键结论。

小种子承载大使命，生物育种对现代农业发展至关重要。农业结构的调整基础在育种，农业效益的提高根本在育种，农业产品的创新关键在育种，农业经济的安全核心在育种。贯彻习近平总书记指示——将我们中国人的饭碗端在自己手中，最根本的是要将作物的种子抓在自己手中。通过对农业育种相关文献进行数据挖掘，不仅可以明确学科领域研究重点、热点、难点和痛点，还可以揭示学科发展的态势，了解产业发展动态，解析行业发展规律，为技术研发、学科发展、产业进步提供量化的支撑。一直以来，科技进步都是推动中国农业产业发展的重要手段，中央政府和地方政府一再加大对农业育种科研经费和人力资源的投入，为解决关键技术瓶颈、创新发展颠覆技术、加强自主知识创新和保护提供了有力保障，有效扩大了中国农业育种产业相关技术的世界影响力。

1.2.2 研究的意义

粮安天下，种铸基石。种子是现代农业的"芯片"，是确保国家粮食安全和农业农村高质量发展的"源头"。习近平总书记就曾指出："农民说，'好儿要好娘，好种多打粮'，'种地不选种，累死落个空'。要下决心把民族种业搞上去，抓紧培育具有自主知识产权的优良品种，从源头上保障国家粮食安全。"我们要以习近平总书记对"三农"工作特别是种业发展的重要指示精神为指导，深化认识、发挥优势、抢抓机遇，加快推进生物育种中心建设，提高农业作物育种能力，引领带动农业转型升级。

现代生物技术被誉为 20 世纪人类最杰出的科技进步之一，分子育种技术是现代生物技术的核心，运用分子育种技术培育高产、优质、多抗、高效的蔬菜新品种，对保障粮食和饲料安全、缓解能源危机、改善生态环境、提升产品品质、拓展农业功能等具有重要作用。目前，世界上许多国家都把分子育种技术作为支撑发展、引领未来的战略选择，促使分子育种技术成为各国抢占科技制高点和增强农业国际竞争力的战略重点。

本书全面调研并分析了全球及中国蔬菜产供需发展现状，以辣椒、甘蓝为例，收集了全球涉及辣椒育种和甘蓝育种的相关专利、论文数据，系统分析了辣椒育种和甘蓝育种专利的申请特征和论文的发展态势，挖掘了辣椒育种和甘蓝育种的科学研究焦点和技术发展路线，深入阐述了辣椒育种和甘蓝育种关键技术的演变规律，为巩固辣椒、甘蓝等蔬菜种业在蔬菜产业中的"芯片"地位，促进中国蔬菜高质量发展与保障粮食供给安全提出了有效的意见与建议。

本书一方面可以帮助相关从业人员了解世界蔬菜产业发展动态，揭示世界蔬菜产业的发展规律；另一方面可以明确业内竞争对手的技术性竞争优势，找到技术空白点，从而为引导中国蔬菜相关技术的研发方向和趋势，促进蔬菜育种学科发展和产业进步提供量化支撑。本书形成于有深度和广度的研究，可为相关课题研究者和决策者提供重要的信息支撑，为中国解决蔬菜育种面临的问题和产业化需要解决的配套措施提供参考。

▶ 1.3　技术分解

本书分别以辣椒、甘蓝育种领域技术分类和应用分类作为专利及论文的检索分析主线，以各分类的详细分支作为辅助，分别完成了辣椒、甘蓝育种专利及论文的检索。辣椒育种栽培重点技术分解如表 1.1 所示，甘蓝育种重点技术分解如表 1.2 所示。此外，为深入了解辣椒、甘蓝育种相关专利及论文所包含的具体信息，本次分析特别要求辣椒、甘蓝领域的专家对全部专利及论文的检索结果进行了技术和应用分类标引，在本书后续章节的技术分析及应用分析中，均采用此分类进行分析。

表 1.1　辣椒育种栽培重点技术分解

一级技术分支	二级技术分支（学科方向）	三级技术分支（学科关键词）
应用领域	育种 (Breeding)	种质资源 (Germ Plasm Resource)，聚类分析 (Cluster Analysis)，远缘杂交 (Distant Hybridization)，细胞质雄性不育 (Cytoplasmic Male Sterility)，细胞核雄性不育 (Nuclear Male Sterility)，自交系 (Inbred Line)，杂种优势利用 (Utilization of Heterosis)，高产 (High Yield)，优质 (High Quality)，配合力 (Combining Ability)，遗传分析 (Genetic Analysis)，制种技术 (Seed Production Technique)，鲜食辣椒 (Fresh Chili)，加工辣椒 (Processed Chili)
	栽培 (Cultivation)	测土配方 (Soil Testing Formula)，工厂化育苗 (Substrate Seedling)，设施 (Facilities)，露地 (Open Field)，间作 (Intercropping)，周年生产 (Annual Production)，轻简化 (Light Simplification)，长季节 (Long Season)，机械化 (Mechanization)，高效 (High Efficiency)
	抗病 (Disease Resistance)	疫病 (Black Rot)，炭疽病 (Anthracnose)，病毒病 (Virus Disease)，疮痂病 (SCAB Disease)，青枯病 (Bacterial Wilt)，枯萎病 (Fusarium Wilt)，根腐病 (Root Rot)，白绢病 (White Silk Disease)，根结线虫 (Root-Knot Nematode)
	抗逆 (Stress Resistance)	耐热 (Heat Resistance)，耐寒 (Cold Resistance)，耐旱 (Drought Tolerance)，耐湿 (Moisture Resistance)，耐弱光 (Low Light Tolerance)，耐盐碱 (Salt And Alkali Resistance)
	优质 (High Quality)	风味物质 (Flavoring Substance)，辣椒素 (Capsaicin)，辣椒红素 (Capsanthin)，干物质 (Dry Matter)，辣椒碱 (Capsaicine)，加工 (Processing)
技术方法	分子标记辅助选择 (Molecular Marker Assisted Selection)	随机扩增多态性DNA (RAPD)，随机扩增片段长度多态性DNA (AFLP)，简单重复序列 (SSR)，酶切扩增多态性序列 (CAPS)，单核苷酸多态性 (SNP)

（续表）

一级技术分支	二级技术分支（学科方向）	三级技术分支（学科关键词）
技术方法	分子标记辅助选择（Molecular Marker Assisted Selection）	用重测序方法定位数量性状位点（QTL-Seq） Indel标记（Indel Maker） 全基因组关联分析（GWAS） 混池测序（BSA-Seq） 基因编辑（Gene Editing） 背景选择（Background Selection） 前景选择（Foreground Selection）
	群体轮回选择（Group Recurrent Selection）	核木育种轮回选择群体构建（Construction of Recurrent Selection Population）、轮回亲本（Recurrent Parent）、基因库建拓（Construction and Extension of Gene Pool）
	单倍体育种（Haploid Breeding）	小孢子培养（Microspore Culture）

表 1.2　甘蓝育种重点技术分解

一级技术分支	二级技术分支（学科方向）	三级技术分支（学科关键词）
应用领域	优质（High Quality）	外观（Exterior Quality）、球形指数（Sphericity Index）、球形缺陷（Cuticular Wax Deficiency）（无蜡粉）、中心柱短（Short Central Column）、帮叶比（Ratio of Leaf Blade Weight and Petiole Weight）、耐裂球（Tolerance to Leaf Head Splitting）；维生素C含量（High Vitamin C Content）、硫苷或萝卜硫素含量（Sulforaphane Content）、可溶性糖含量（Soluble Sugar Content）、类胡萝卜素（Carotinoid Content）、风味（Flavour）、光叶、质地（Texture）

（续表）

一级技术分支	二级技术分支（学科方向）	三级技术分支（学科关键词）
应用领域	熟性（Maturity）	早熟（Early Maturity）、中熟（Medium Maturity）、晚熟（Late Maturity）
	高产（High Yield）	单球重（Weight Per Leaf Head）、叶球纵径（Leaf Head Longitudinal Diameter）、叶球横径（Leaf Head Transverse Diameter）、球叶比（Ratio of Head Leaf Weight to Exterior Leaf Weight）
	生态育种（Ecological Breeding）	株型（Plant Architecture）、高光效（High Photosynthetic Efficiency）
	营养高效（Nutrition Efficiency）	氮高效（High Efficiency of Nitrogen Nutrition）
	适应机械化农艺性状（Adapt to Mechanized Agronomic Characters）	成熟一致性（Maturity Uniformity）、外茎高（Exterior Stem Height）、叶球紧实度（Leaf Head Compactness）
	抗病性（Disease Resistance）	根肿病（Club Root）、枯萎病（Fusarium Wilt）、黑腐病（Black Rot）、病毒病（Tumv、CMV）、软腐病（Soft Rot）、霜霉病（Downy Mildew）、干烧心（Tipburn）、黑斑病（Blackspot）、菌核病（Sclerotinia）
	抗虫性（Pest Resistance）	小菜蛾（Plutella Xylostella L.）、菜青虫（Pieris Rapae L.）、甘蓝夜蛾（Mamestra Brassicae L.）

（续表）

一级技术分支	二级技术分支（学科方向）	三级技术分支（学科关键词）
应用领域	耐非生物逆境（Tolerance to Abiotic Stresses）	耐低温（Cold Tolerance）、耐热（Tolerance to High Temperature）、耐抽薹（Tolerance to Immature Bolting）、耐贮性（Storability）
	杂种优势利用（Utilization of Heterosis）	自交不亲和（Self-Incompatibility）、细胞质雄性不育（Cytoplasmic Male Sterility）、细胞核雄性不育（Nuclear Male Sterility）、显性雄性不育（Dominant Male Sterility）、一般配合力（General Combining Ability）、特殊配合力（Specific Combining Ability）
	杂交育种（Cross Breeding）	近等基因系（Near-Isogenic Lines, NILs）、高代自交系（Advanced Inbred Lines）、重组自交系（Recombinant Inbred Lines, RILs）、轮回选择（Recurrent Selection）、系谱选择（Pedigree Selection）、聚合育种（Pyramiding Breeding）、遗传分析（Genetic Analysis）
	远缘杂交育种（Distant Hybridization）	胚胎挽救（Embryo Rescue）、基因组原位杂交（GISH）、渐渗系（Introgression Lines, ILs）、染色体片段代换系或导入系（Chromosome Segment Substitution Lines）
技术方法	细胞工程育种（Cell Engineering Breeding）	小孢子培养（Microspore Culture）、双单倍体（DH）、体细胞融合（Somatic Cell Fusion）
	诱变育种（Mutation Breeding）	甲基磺酸乙酯（EMS）、辐射诱变（Radiation Mutagenesis）、航天育种（Space Breeding）
	分子标记辅助选择（Molecular Marker Assisted Selection）	限制性片段长度多态性（RFLP）、随机扩增片段长度多态性 DNA（AFLP）、简单重复序列（SSR）、酶切扩增多态性序列（CAPS）、单核苷酸多态性（SNP）、数量性状混池检测序快速定位（QTL-Seq）、插入缺失标记（Indel Maker）、竞争性等位基因特异性 PCR（KASP）、单倍型（Haplotype）、功能型分子标记（Functional Molecular Markers）

（续表）

一级技术分支	二级技术分支（学科方向）	三级技术分支（学科关键词）
技术方法	基因组学辅助育种（Genomics-Assisted Breeding）	基因芯片（Gene Chip）、高通量测序（High-Throughput Sequencing）、全基因组选择（Genomic Selection, GS）、全基因组关联分析（Genome Wide Association Studies, GWAS）
	基因编辑（Gene Editing）	基因编辑技术（CRISPR-Cas9）、转录激活样效应因子核酸酶技术（TALEN）、锌指核酸酶技术（ZFN）
	转基因技术（Transgene Technology 或 Genetically Modified Technology）	农杆菌介导法（Agrobacterium Mediated Method）、基因枪法（Gene Gun Method）、植物病毒介导法（Plant Virus Mediated Method）、花粉管通道法（Pollen Tube Channel Method）

▶ 1.4　相关说明

1.4.1　数据来源

本书采用的专利文献数据主要来自德温特创新索引（Derwent Innovations Index，DII）数据库与德温特创新平台（Derwent Innovation，DI）数据库。DII 数据库是由科睿唯安公司出版的基于 Web 的专利信息数据库，其收录了来自全球超过 60 家专利授予机构提供的增值专利信息，涵盖超过 5200 万项发明，其收录的专利每周更新，最早可回溯至 1963 年，是检索全球专利最权威的数据库。DI 数据库可提供全面、综合的内容，包括全球专利信息、科技文献及著名的商业和新闻内容，收录了来自全球 150 多个国家和地区的超过 1 亿项专利，具有强大的分析和可视化功能。

本书涉及的专利检索截止时间为 2022 年 1 月 6 日，考虑到专利从申请到公开的时滞（最长达 30 个月，其中包括 12 个月优先权期限和 18 个月公开期限），2018—2021 年的专利数量与实际不一致，因此不能代表这三年的申请趋势。本书所有章节的专利统计数据均如此，不再赘述。

本书采用的论文数据主要来自 Web of Science ™核心合集数据库中的 Science Citation Index-Expanded ™（SCI-E，科学引文索引）和 Conference Proceedings Citation Index ™（CPCI，会议论文引文索引）。Web of Science ™核心合集数据库收录了 21800 多种世界权威的、高影响力的学术期刊，内容涵盖自然科学、工程技术、生物医学、社会科学、艺术与人文等领域，收录的期刊最早回溯至 1900 年。

1.4.2　分析工具

本书产业数据及图表分析主要采用 Excel 统计分析软件，专利和论文分析主要采用科睿唯安公司的德温特数据分析工具（Derwent Data Analyzer，DDA）。DDA 是一个具有强大分析功能的文本挖掘软件，可以对文本数据进行多角度的数据挖掘和可视化的全景分析，还能帮助情报人员从大量的专利文献或科技文献中发现竞争情报和技术情报，为洞察科学技术的发展趋势、发现行业出现的新兴技术、寻找合作伙伴、确定研究战略和发展方向提供有价值的依据。

本书专利分析还采用了 Innography 专利分析平台的专利强度指标，用于筛选高质量专利。Innography 的专利强度区间为 0～100 分，评估依据包括权利要求数量、引用和被引次数、专利异议和再审查、专利分类、专利家族、专利年龄等。

本书论文分析还采用了 VOSviewer 软件分析词频以判断研究热点。词频是指所分析的文档中词语出现的次数。在科学计量研究中，可以按照学科领域建立词频词典，从而对科学家的创造活动作出定量分析。词频分析法就是在文献信息中提取能够表达文献核心内容的关键词或主题词，通过关键词或主题词的出现频次高低，来研究该领域发展动向和研究热点的方法。共词分析的基本原理是对一组词两两统计它们在同一组文献中出现的次数，通过这种共现次数来测度它们之间的亲疏关系。VOSviewer 是雷登大学科学技术研究中心 CWTS 研究机构的相关研究人员专门开发的用于科学知识图谱绘制的有效工具，可以标签视图、密度视图、聚类视图和分散视图等方式实现知识单元的可视化。基于 VOSviewer 关键词共现热力图和聚类视图，读者可以从完全客观的角度挖掘某一领域的研究热点。

1.4.3　专利术语解释

1. 专利家族

随着科学技术的发展，专利技术的国际交流日益频繁。人们欲使其一项新发明技术获得多国专利保护，就必须将其发明创造向多个国家申请专利，由此产生了一组内容相同或基本相同的文件出版物，称一个专利家族。专利家族可分为狭义专利家族和广义专利家族两类。广义专利家族指一件专利后续衍生的所有不同的专利申请，即同一技术创造后续所衍生的其他发明，加上相关专利在其他国家所申请的专利组合。本书所述专利家族都是指广义的专利家族，专利家族数据均来自 DII 数据库中的专利家族。

2. 基本专利、同族专利

在同一专利家族中，每件文件出版物互为同族专利。科睿唯安公司规定先收到的主要国家的专利为基本专利，后收到的同一发明的专利为同族专利。

3. 专利项数与件数

由于本书所采用的 DII 数据库中的记录是以家族为单位进行组织的，故一个专利家族代表了一"项"专利技术，如果该项专利技术在多个国家提交申请，则一项专利对应多"件"专利。本书中所提到的专利数量以"项"为单位则代表整个专利家族，以"件"为单位则代表专利家族中的一个专利成员。

4. 最早优先权年

最早优先权年指在同一专利家族中，同族专利在全球最早提出专利申请的时间。最早优先权年可以反映某项技术发明在世界范围内的最早起源时间。

5. 最早优先权国家/地区

最早优先权国家 / 地区指在同一专利家族中，同族专利在全球最早提出专利申请的国家 / 地区。最早优先权国家 / 地区可以反映某项技术发明在世界范围内最早起源的国家或地区。例如，某项专

利最早优先权国家 / 地区为欧洲，则表示该专利家族中最早的一件专利通过欧洲专利局提出申请，该项技术起源于欧洲。

6. 欧洲专利局

欧洲专利局（EPO）是根据《欧洲专利公约》于 1977 年 10 月 7 日正式成立的一个政府间组织，其主要职能是负责欧洲地区的专利审批工作。欧洲专利局目前有 38 个成员国，覆盖了整个欧盟地区及欧盟以外的 10 个国家。通过欧洲专利局申请并授权的专利，可在欧洲专利局覆盖的全部成员国获得保护。

本书的文字和图表部分对欧洲专利局简称"欧洲"。通过分析"欧洲"的专利数量（项），可知最早优先权国为欧洲的专利技术的项数；通过分析"欧洲"的专利布局，可知在欧洲专利局申请第一件专利的专利权人随后在其他国家进行同族专利布局的情况。

7. 世界知识产权组织

世界知识产权组织（World Intellectual Property Organization，WIPO）是联合国保护知识产权的一个专门机构，根据《成立世界知识产权组织公约》而设立。该公约于 1967 年 7 月 14 日在斯德哥尔摩签订，于 1970 年 4 月 26 日生效，中国于 1980 年 6 月 3 日加入了该组织。向 WIPO 申请的专利称为 PCT 国际专利申请，根据 PCT 的规定，专利申请人可以通过 PCT 途径递交国际专利申请，随后向多个国家申请专利。

8. 专利转让和专利许可

专利转让是拥有专利申请权的专利权人把专利申请权和专利权让给他人的一种法律行为。转让专利申请或专利权的当事人必须订立书面合同，经专利局登记和公告后生效。

专利实施许可简称"专利许可"，是指专利技术所有人或其授权人许可他人在一定期限和一定地区以一定方式实施其所拥有的专利，并向他人收取使用费用的一种法律行为。专利许可仅转让专利技术的使用权利，转让方仍拥有专利的所有权，受让方只获得了专利技术实施的权利，并未拥有专利所有权。

1.4.4　其他说明

本书中的"中国"专利均代表"中国大陆（内地）地区"，中国香港、中国台湾和中国澳门地区的专利信息单独列出。

由于不同产业主体之间有合作专利、不同机构之间有合作发文的情况，本书在统计专利总量和发文总量时，均已对合作专利和合作发文进行去重处理。

第 2 章

全球蔬菜产业发展现状

2.1 全球蔬菜产业化进程和供需现状

2.1.1 全球蔬菜产业化进程

图 2.1 从蔬菜种植面积的角度分析了全球蔬菜产业化趋势，从图 2.1 中可以看出，2000—2019 年全球蔬菜种植面积稳步增加，蔬菜产业化整体呈上升趋势，保持在 4000 万公顷以上。2001—2019 年，全球 70% 以上的蔬菜均在亚洲种植，其他地区蔬菜种植面积较少。

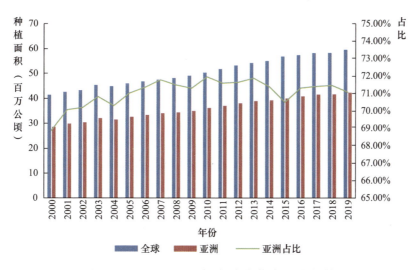

图 2.1 2000—2019 年全球蔬菜产业化趋势

数据来源：FAO。

图 2.2 为 2000—2019 年全球蔬菜产量趋势。整体来看，全球蔬菜产量趋势与全球蔬菜产业化趋势大体一致，2010—2019 年全球蔬菜种植面积变化不大，但产量稳中有升；2000—2019 年全球蔬菜产量维持在 68000 万～113000 万吨。

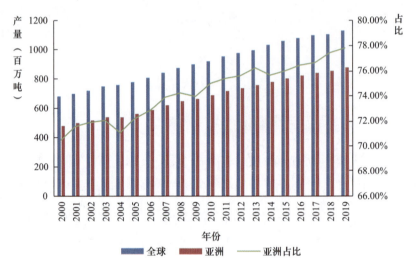

图 2.2　2000—2019 年全球蔬菜产量趋势

数据来源：FAO。

2.1.2　全球蔬菜主要生产国分布

图 2.3 和表 2.1 列出了 2010—2019 年全球蔬菜主要生产国及产量分布。从图 2.3 中可以看出，全球蔬菜主要生产国集中在亚洲，且 2010—2019 年主要生产国分布基本不变。中国和印度是全球蔬菜最主要的生产国，两国加起来的产量占全球产量的 64% 左右，除中国和印度外，美国和土耳其也是全球蔬菜主要生产国。图 2.4 为 2019 年全球蔬菜主要生产国产量及占比分布。可以看出，2019 年中国蔬菜产量占全球产量的 52%，印度蔬菜产量占全球产量的 12%。

图 2.3　2010—2019 年全球蔬菜主要生产国及产量

数据来源：FAO。

表 2.1　2010—2019 年全球蔬菜主要生产国产量分布

单位：百万吨

	2010	2011	2012	2013	2014	2015	2016	2017	2018	2019
中国	459.77	477.85	486.18	495.80	508.29	537.32	547.12	561.75	576.31	590.68
印度	99.35	105.71	112.93	119.59	125.16	119.98	125.90	131.62	130.11	132.03
美国	34.72	33.97	35.26	33.64	35.66	34.47	34.14	32.08	31.74	30.00
土耳其	20.66	21.98	22.04	22.79	22.68	23.70	24.42	24.92	24.13	25.34
越南	8.12	6.89	12.66	13.50	14.40	14.60	15.22	15.75	16.31	16.97
尼日利亚	12.09	11.64	13.24	13.06	15.77	16.19	14.50	15.07	16.06	16.67
埃及	16.77	16.44	16.94	15.10	16.35	16.40	15.31	15.52	15.39	15.42
墨西哥	11.08	10.74	11.88	11.74	12.46	13.22	14.30	15.49	16.15	15.23
俄罗斯	12.13	14.70	14.63	14.70	15.47	16.12	13.19	13.63	13.72	14.15
西班牙	11.01	11.05	11.24	11.08	12.57	12.51	13.14	13.15	12.63	13.26
全球	921.12	954.27	977.55	996.48	1032.60	1059.09	1078.91	1099.50	1106.08	1130.20
其他国家	235.42	243.29	240.55	245.47	253.78	254.58	261.69	260.50	253.53	260.47

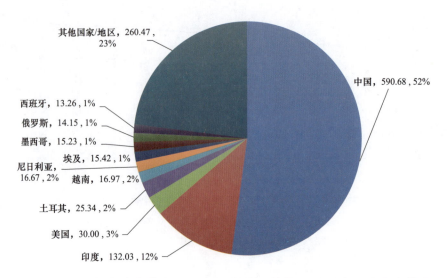

图 2.4　2019 年全球蔬菜主要生产国产量（单位：百万吨）及占比分布

数据来源：FAO。

▶ 2.2　全球蔬菜贸易现状

2.2.1　全球蔬菜贸易规模

图 2.5 为 2010—2019 年全球蔬菜国际贸易规模。从图 2.5 中可以看出，2010—2019 年全球蔬菜贸易量维持在 5000 万～ 7000 万吨，进出口量大体平衡。从不同地区的贸易份额来看，欧洲和亚洲占了全球蔬菜进出口总额的 70% 左右。欧洲是全球蔬菜第一大进出口区，且蔬菜进口份额比出口份额高。亚洲是全球第二大蔬菜进出口区，且蔬菜出口份额比进口份额高。

2.2.2　全球蔬菜主要进口国分布

2010—2019 年全球蔬菜主要进口国及进口量如图 2.6 和表 2.2 所示。从图 2.6 中可以看出，全球蔬菜主要进口国有美国、英国、法国和日本，各国进口量相对全球蔬菜进口总量的占比都不高。其中，美国在 2010—2019 年蔬菜进口量最大，是全球蔬菜进口量最大的国家。

图 2.5　2010—2019 年全球蔬菜国际贸易规模

数据来源：FAO。

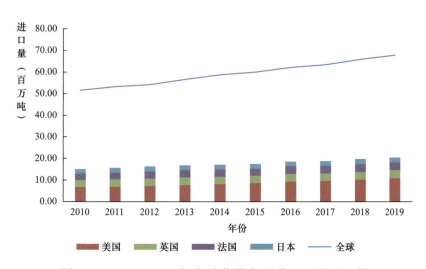

图 2.6　2010—2019 年全球蔬菜主要进口国及进口量

数据来源：FAO。

表 2.2　2010—2019 年全球蔬菜主要进口国及进口量

单位：百万吨

年份	2010	2011	2012	2013	2014	2015	2016	2017	2018	2019
全球	51.65	53.33	54.27	56.69	58.81	60.04	62.21	63.48	65.95	67.89
美国	6.93	7.13	7.46	7.80	8.31	8.76	9.47	9.77	10.38	11.06
英国	3.14	3.30	3.38	3.61	3.34	3.33	3.51	3.43	3.49	3.72
法国	3.11	3.13	3.26	3.33	3.37	3.33	3.50	3.49	3.58	3.52
日本	2.03	2.20	2.33	2.21	2.21	2.12	2.16	2.23	2.42	2.26

2.2.3　全球蔬菜主要出口国分布

2010—2019 年全球蔬菜主要出口国及出口量如图 2.7 和表 2.3 所示。从图 2.7 中可以看出，中国、西班牙、荷兰和美国为全球蔬菜的主要出口国。2010—2019 年，中国一直是全球蔬菜出口量最大的国家。2019 年，中国蔬菜出口总量约占全球蔬菜出口量的 15%，是全球最大的蔬菜出口国，第二名西班牙约占 11%，第三名荷兰约占 10%。

图 2.7　2010—2019 年全球蔬菜主要出口国及出口量

数据来源：FAO。

表 2.3　2010—2019 年全球蔬菜主要出口国及出口量

单位：百万吨

年份	2010	2011	2012	2013	2014	2015	2016	2017	2018	2019
全球	53.58	55.74	55.66	58.34	61.43	61.40	64.26	66.27	68.47	70.03
中国	7.88	8.93	8.47	8.82	8.87	9.22	8.98	9.86	10.17	10.44
西班牙	4.87	5.52	5.64	6.02	6.83	6.77	7.09	7.01	7.35	7.84
荷兰	5.44	5.79	5.64	5.58	5.62	5.38	5.38	6.46	6.54	6.66
美国	2.90	3.13	3.20	3.37	3.44	3.28	3.39	3.22	3.23	3.16

2.3　中国蔬菜生产现状

2.3.1　中国蔬菜种植面积变化趋势

2000—2019 年中国蔬菜种植面积如图 2.8 所示。从图 2.8 中可以看出，中国蔬菜种植面积整体呈稳定增长趋势，2000—2007 年蔬菜种植面积呈快速增长趋势，2008 年蔬菜种植面积较 2007 年略有下降，2008—2015 年蔬菜种植面积在波动中呈持续增长趋势，2015—2019 年蔬菜种植面积呈稳定快速增长趋势，于 2019 年达到蔬菜种植面积的年度最高点。

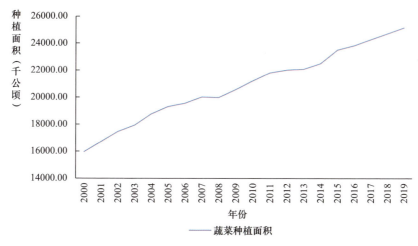

图 2.8　2000—2019 年中国蔬菜种植面积

数据来源：FAO。

2.3.2 中国蔬菜总产量变化趋势

2000—2019 年中国蔬菜总产量如图 2.9 所示。从图 2.9 中可以看出，中国蔬菜产量整体呈迅速增长趋势，增长速度较为稳定，并于 2019 年达到总产量的年度最高点——59067.61 万吨。2019 年较 2000 年蔬菜总产量增加了 28986.6 万吨。

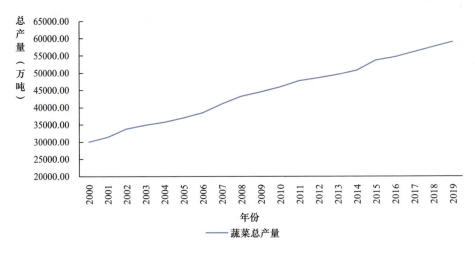

图 2.9　2000—2019 年中国蔬菜总产量

数据来源：FAO。

2.3.3 中国蔬菜单位面积产量变化趋势

2000—2019 年中国蔬菜单位面积产量如图 2.10 所示。从图 2.10 中可以看出，中国蔬菜单位面积产量在总体呈上升趋势。2000—2004 年中国蔬菜单位面积产量略有起伏，但 2004 年蔬菜单位面积产量较 2000 年仍相对增长。2004—2008 年中国蔬菜单位面积产量迅速增长，2008 年单位面积产量超过 21000 千克 / 公顷。2008—2009 年中国蔬菜单位面积产量经过短暂下降后，于 2009—2019 年稳定增长，在 2019 年达到蔬菜单位面积产量的年度最高点。

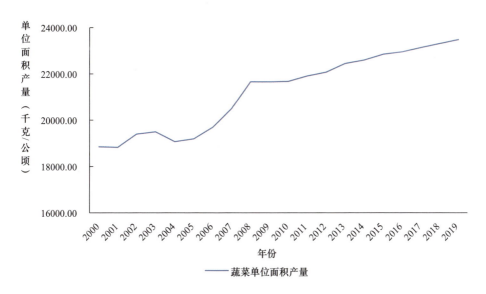

图 2.10　2000—2019 年中国蔬菜单位面积产量

数据来源：FAO。

▶ 2.4　中国蔬菜供需及贸易现状

2.4.1　中国蔬菜生产规模及供需现状

2000—2019 年中国蔬菜生产规模如图 2.11 所示。从图 2.11 中可以看出，中国蔬菜产量呈迅速增长趋势，增长速度较为稳定，并于 2019 年达到总产量的年度最高点，蔬菜总产量达到 59067.61 万吨。2019 年较 2000 年蔬菜总产量增加了 28986.6 万吨。2000—2019 年中国蔬菜种植面积整体呈增长趋势，2000—2007 年中国蔬菜种植面积迅速增长，2007—2014 年略有起伏，但蔬菜种植面积总体呈增长趋势，2014—2019 年中国蔬菜种植面积呈稳定增长趋势，并于 2019 年达到历史年度最高点。

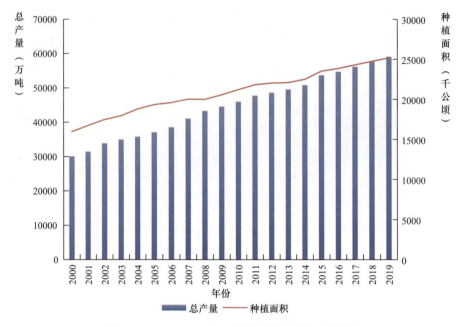

图 2.11　2000—2019 年中国蔬菜生产规模

数据来源：FAO。

2.4.2　中国蔬菜国际贸易现状

2000—2019 年中国蔬菜进出口走势如图 2.12 所示。从图 2.12 中可以看出，中国蔬菜出口量在 2000—2007 年保持迅速增长趋势，2007—2009 年出口量略有下降，2009—2011 年又恢复增长趋势，2011—2019 年中国蔬菜出口量在波动中呈增长趋势。2019 年中国蔬菜出口量达到年度最高点，超过 1000 万吨，达到 1043.81 万吨。中国蔬菜进口量明显低于其出口量，2000—2010 年中国蔬菜进口量保持稳定的同时有小幅度增长，平均进口量为 100.70 万吨；2011—2019 年中国蔬菜平均进口量为 147.62 万吨，增幅为 46.59%。

2.4.3　中国居民人均蔬菜消费量

2013—2019 年中国居民人均蔬菜消费量如图 2.13 和表 2.4 所示，2013—2019 年全国居民人均蔬菜及食用菌消费量基本稳定，平均人均消费量为 98.03 千克；2013—2019 年全国居民人均鲜菜消费量在基本保持稳定的同时有所上升，平均人均消费量为 95.01 千克，人均消费量略低于蔬菜及食用菌的消费量。蔬菜及食用菌、鲜菜的人均消费总量保持稳定，2019 年人均蔬菜消费总量较 2018 年略有上升，增长幅度为 4.7 千克，增长率为 2.49%。

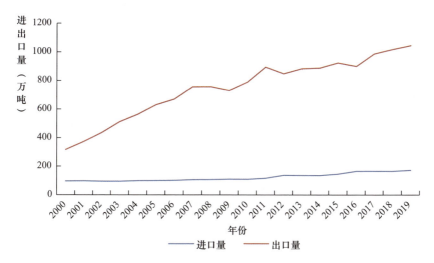

图 2.12　2000—2019 年中国蔬菜进出口走势

数据来源：FAO。

图 2.13　2013—2019 年中国居民人均蔬菜消费量

数据来源：国家统计局。

表 2.4　2013—2019 年中国居民人均蔬菜消费量

单位：千克

年份	2013	2014	2015	2016	2017	2018	2019
蔬菜及食用菌	97.5	96.9	97.8	100.1	99.2	96.1	98.6
鲜菜	94.9	94.1	94.9	96.9	96.1	93.0	95.2
总量	192.4	191	192.7	197	195.3	189.1	193.8

▶2.5　全球及中国辣椒产业发展现状

2.5.1　全球及中国辣椒种植面积稳步增加，产量大幅增长

2020 年全球辣椒种植面积为 207 万公顷，中国为 73.75 万公顷。2000—2020 年全球辣椒种植面积呈波动增加，辣椒产业化整体呈上升趋势，保持在 159 万公顷以上，中国辣椒种植面积稳定增长，2020 年较 2000 年增长了 23.43 万公顷。2001—2020 年，全球 30% 以上的辣椒均在中国种植，2020 年中国辣椒种植面积占全球种植面积的 35.63%，较 2000 年增长了约 4.5 个百分点，是世界辣椒种植的主要国家（见图 2.14）。

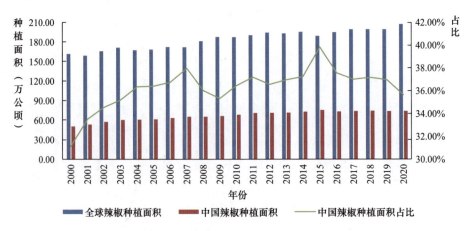

图 2.14　2000—2020 年全球及中国辣椒种植面积变化趋势

数据来源：FAO。

在产量方面，2000—2020 年全球及中国辣椒产量大幅增长。图 2.15 反映了 2000—2020 年全球及中国辣椒产量变化趋势，全球辣椒产量维持在 200 亿～ 370 亿千克，其中 2020 年全球辣椒产量为 361.37 亿千克，中国辣椒产量为 166.81 亿千克，约占全球的 46.16%。整体来看，全球及国内辣椒产量趋势相对于产业化趋势增长幅度均较大，2020 年全球辣椒产量较 2000 年增长了 152.62 亿千克，增长率为 73.11%，2020 年中国辣椒产量较 2000 年增长了 72.45 亿千克，且单产达到 2.26 亿千克 / 公顷。中国辣椒产量占世界辣椒产量的比值在 2000—2015 年波动上升，于 2015 年达到顶峰（占比为 51.56%），是全球最大的辣椒主要生产国。

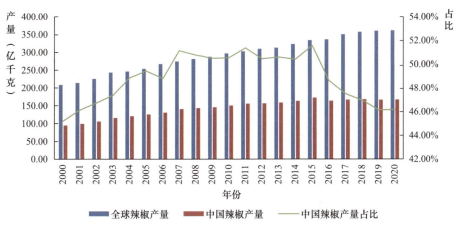

图 2.15　2000—2020 年全球及中国辣椒产量变化趋势

数据来源：FAO。

2.5.2　全球及中国辣椒贸易规模持续扩大

2010 年以来全球辣椒贸易量维持在 26 亿～ 40 亿千克，进出口量大体平衡。2000—2020 年全球辣椒进出口量均呈稳定增长态势，2020 年全球辣椒进口量为 38.30 亿千克，较 2000 年增长了 25.57 亿千克，增长率达 200.86%；2020 年全球辣椒出口量为 40.03 亿千克，较 2000 年增长了 26.71 亿千克, 增长率达 200.53%。由此可见, 辣椒作为全球主要农作物之一, 贸易规模持续扩大。中国辣椒出口量略高于进口量, 呈现不同的增长特点。2004 年前中国辣椒出口量迅速增长, 在 2004—2006 年经过短暂的下滑后再度保持稳定增长趋势, 2020 年中国辣椒出口量达到 1.26 亿千克, 同比增长 13.51%。从进口量及占比来看, 2000—2017 年中国辣椒进口量增长幅度很小, 2018 年由于印度辣椒辣度高、成本低廉, 中国大量进口印度辣椒, 导致进口量较 2017 年增长了约 1 亿千克, 2018 年后中国辣椒进口量呈逐年下降趋势, 2020 年中国辣椒进口量为 0.70 亿千克, 同比下降 20.11% (见图 2.16)。

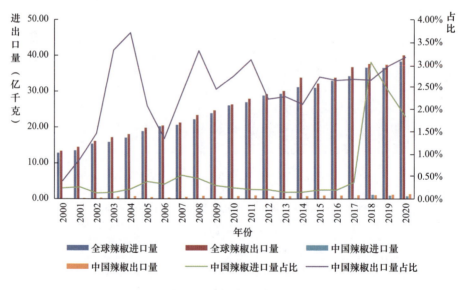

图 2.16　2000—2020 年全球及中国辣椒国际贸易规模

数据来源: FAO。

　　图 2.17 和图 2.18 分别反映了 2010—2020 年全球辣椒主要进口国及进口量和 2010—2020 年全球辣椒主要出口国及出口量。2010—2020 年全球辣椒主要进口国包括美国、德国、英国、法国和

加拿大，其中美国是全球辣椒进口量最多的国家，2020 年进口量约为 11.96 亿千克。墨西哥、西班牙、荷兰、加拿大、土耳其、摩洛哥和中国是全球辣椒的主要出口国，其中墨西哥和西班牙的辣椒出口量约占全球的一半，是全球辣椒贸易的主要地区。墨西哥是辣椒的原产地，也是全球辣椒消费的主要国家之一，北美自由贸易区的优势使墨西哥成为美国和加拿大两国的主要辣椒供应国[28]，2020 年墨西哥出口辣椒 11.38 亿千克，约占全球辣椒出口量的 28.43%，是全球出口辣椒最多的国家。西班牙是全球辣椒出口量排在第 2 位的国家，作为传统农业大国，西班牙蔬菜、水果的种植采用先进的喷灌、滴灌和渗灌等技术[29]，2020 年西班牙辣椒出口量为 8.86 亿千克，约占全球辣椒出口量的 22.13%。中国出口辣椒 1.26 亿千克，约占全球辣椒出口量的 3.15%，排在第 7 位，是主要的辣椒出口国之一。

图 2.17　2010—2020 年全球辣椒主要进口国及进口量

数据来源：FAO。

图 2.18　2010—2020 年全球辣椒主要出口国及出口量

数据来源：FAO。

2.5.3　中国辣椒消费种类及消费量增加

中国食辣历史悠久，食辣人数超过 5 亿人，辣椒市场需求量很大。近年来，辛辣饮食文化迅速传播，中国在饮食口味上已逐步形成了长江中上游重辣区、北方微辣区和东南沿海淡味区 3 个口味层次的地区[30]，江西、贵州、湖南、四川和重庆等地是食辣的主要区域。不同的地区呈现不同的食辣特点，如四川和重庆偏好麻辣，贵州偏好糟辣，湖北偏好卤辣，湖南偏好香辣，广西和云南等地偏好酸辣。不同的食辣口味促进了辣椒产品种类的增加，目前食品加工形成的辣椒产品包括干制辣椒产品和鲜食辣椒产品，干制辣椒产品类型有辣椒粉、干制辣椒、油辣椒和辣椒粒等，鲜食辣椒产品类型有剁辣椒、泡椒、辣椒酱和盐渍辣椒等[31]。不同的辣椒产品形成了不同的辣椒市场品牌，如老干妈油淋辣椒、六婆辣椒油、辣妹子辣椒酱、坛坛香剁辣椒、云南单山辣椒粉和鸡泽天下红腌辣椒等，辣椒品牌形成良性竞争的市场格局[32]。多样化的辣椒食品深受消费者喜爱，促进了辣椒消费量的增加，2010—2020 年中国辣椒酱产量稳步增长，2020 年中国辣椒酱产量达到 56 亿千克（见图 2.19）。

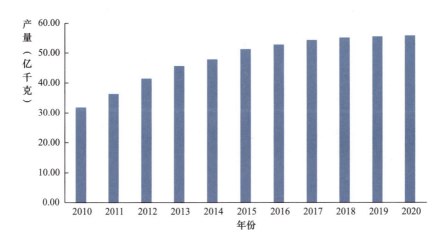

图 2.19　2010—2020 年中国辣椒酱产量及变化趋势

数据来源：前瞻产业研究院。

2.5.4　辣椒品种需求增加

辣椒生产加工方式的差异化增加了对辣椒品种的需求。从生产方式上来看，辣椒的加工方式主要包括粗加工和精加工两种。

辣椒粗加工主要包括干辣椒加工和鲜食辣椒加工，在辣椒品种需求方面，需要适合制作干辣椒的品种、适合制作剁椒的品种、适合制作辣椒酱的品种和适合鲜食的辣椒品种等，目前用于干辣椒加工的有云南丘北辣椒、子弹头朝天椒、石柱红辣椒等，用于制作剁椒的辣椒品种有单生朝天椒，云辣 1 号、艳红朝天椒适用于制作泡椒[33,34]。

辣椒的精加工主要是对辣椒碱和辣椒红色素进行分离和提取，辣椒碱的含量一般占辣椒干果果实的 0.3% ～ 1.0%，不同品种的辣椒其辣椒碱含量不同[35]。辣椒碱是辣椒辛辣味道的来源，具有增味、抑菌、抗氧化、缓解疼痛、防治粮食虫害、保护胃肠道等多种功效[36]。辣椒红色素是天然食用色素之一，是从辣椒中提取得到的一种四萜类橙红色色素，在食品、药物、化妆品着色方面具有广泛应用[37]。精深加工对辣椒品种的选用具有一定的要求，需要目标提取物含量较多且易于收获的辣椒品种，目前用到的辣椒品种包括板椒、线椒等[38]。

除生产加工方式对辣椒品种的需求增加外，随着人们对食品质量要求的提高，市场对高质量的辣椒品种需求增加，辣椒的辣度、香味和果实厚度要符合人们的饮食习惯，其大小、外观、抗运输性等商品属性也应具备。不同地区的食辣习惯导致各地区对辣椒品种的需求不同，辣椒品种多样化的趋势明显。

2.5.5　中国辣椒产业助力脱贫攻坚

辣椒生长周期相对较短、生产成本低、市场规模大，中国辣椒产业的发展助力多个地区实现脱贫致富。中国在农业经济发展中建立多个辣椒产业品牌，与辣椒产业相关的全国"一村一品"示范村镇达到 74 个，形成了全国名特优新农产品 40 个，此外，还建有农产品区域共用品牌、农业文化遗产、特色农产品优势区等（见图 2.20）。多地实现辣椒脱贫致富，如贵州省遵义播州区制定辣椒全产业链的发展路线，通过培训职业椒农、推动产销结合、建立辣椒产业与贫困户的利益联结机制，带动当地居民脱贫；贵州省平塘县采取政府主导、"企业＋合作社＋农户"种植的模式发展辣椒产业，目前已规划种植 500 余亩辣椒，推动产业发展提质增效；鄂西、渝东等高山地区发展高山辣椒种植业，亩产值达到 5000 元以上[39,40]。

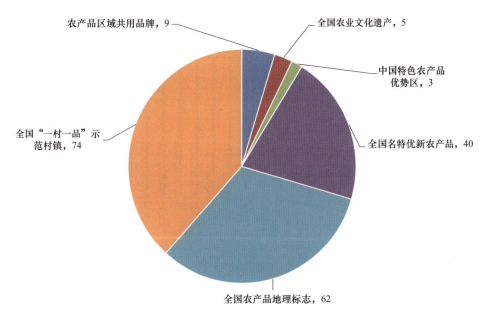

图 2.20　中国辣椒产业品牌数据（单位：个）

数据来源：农小蜂。

2.6　全球及中国甘蓝产业发展现状

2.6.1　全球及中国甘蓝种植面积稳中有降，产量小幅下降

2020 年全球甘蓝种植面积为 241.43 万公顷，中国甘蓝种植面积为 98.11 万公顷。2000—2020 年全球甘蓝种植面积保持稳定，20 年间种植面积略有下降，但总种植面积保持在 210 万公顷以上。中国甘蓝种植面积在稳定中呈下降趋势，在全球甘蓝种植面积中所占的比例下降。2020 年中国甘蓝种植面积较 2000 年下降了 23.91 万公顷。2000—2020 年，全球 39% 以上的甘蓝均在中国种植，2020 年中国甘蓝种植面积占全球种植面积的 40.64%，较 2000 年下降了约 4 个百分点。尽管中国的甘蓝种植面积占比略有减少，但仍是世界上甘蓝种植面积最大的国家（见图 2.21）。

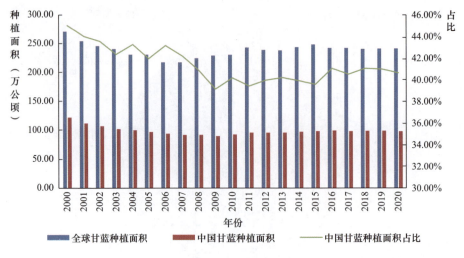

图 2.21　2000—2020 年全球及中国甘蓝种植面积变化趋势

　　在产量方面，2000—2020 年全球及中国甘蓝产量有小幅度的下降趋势。图 2.22 反映了 2000—2020 年全球及中国甘蓝产量变化趋势，全球甘蓝产量维持在 620 亿～ 750 亿千克，其中 2020 年全球甘蓝产量为 708.62 亿千克，中国甘蓝产量为 342.07 亿千克，约占全球的 48.27%。尽管中国甘蓝产量占全球甘蓝产量的比重呈下降趋势，但仍是全球甘蓝产量最大的国家。经过甘蓝育种技术的改良，中国甘蓝单位面积产量呈上升趋势，2000 年中国甘蓝单位面积产量为 3.33 亿千克 / 公顷，2020 年达到 3.49 亿千克 / 公顷，单产增幅达到 0.16 亿千克 / 公顷。

2.6.2　全球及中国甘蓝进出口量增长，贸易规模明显扩大

　　2000—2020 年全球甘蓝进出口量持续且迅速增加，甘蓝进口量明显大于出口量。2020 年全球甘蓝进口量为 30.91 亿千克，较 2000 年增长了 17.53 亿千克，增长率达 131.02%；2020 年全球甘蓝出口量为 26.97 亿千克，较 2000 年增长了 17.58 亿千克，增长率达 187.22%。由此可见，甘蓝作为全球主要农作物之一，贸易规模持续扩大。

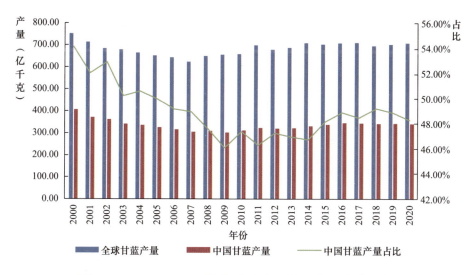

图 2.22　2000—2020 年全球及中国甘蓝产量变化趋势

　　中国甘蓝进口量 2016—2020 年呈下降趋势，出口量持续稳定增加。2016 年前，中国甘蓝进口量大于出口量；2016—2020 年，中国甘蓝的出口量大于进口量。从出口量占比来看，中国甘蓝出口量占全球甘蓝出口量的比重显著增加，2000—2020 年占比从 8.63%增长至 34.22%；尽管 2016—2020 年中国甘蓝进口量有所下降，但 2000—2020 年中国甘蓝进口量在全球的占比仍呈增长趋势，2020 年中国甘蓝进口量占比较 2000 年增长了约 10%。从整体趋势来看，2000—2020 年中国甘蓝的进出口量及占比均呈增长态势，中国甘蓝贸易在全球甘蓝贸易中的地位逐步提升，是全球甘蓝的主要贸易国（见图 2.23）。

　　图 2.24 和图 2.25 分别反映了 2010—2020 年全球甘蓝主要进口国及进口量和 2010—2020 年全球甘蓝主要出口国及出口量。2010—2020 年全球甘蓝主要进口国包括中国、美国、德国、加拿大和马来西亚。除中国外，北美是甘蓝的主要消费区。由于马来西亚缺乏可用土地和消费税，劳动力和农药成本较高，因此马来西亚进

口蔬菜量较大，成为甘蓝的主要进口国之一。2010—2020 年全球甘蓝主要出口国包括中国、墨西哥、美国、荷兰和西班牙。中国是全球最大的甘蓝出口国，2010—2020 年甘蓝出口量最多，约占全球甘蓝出口量的 34%。荷兰和西班牙作为欧洲农业发达国家，在甘蓝出口贸易中占有重要地位。

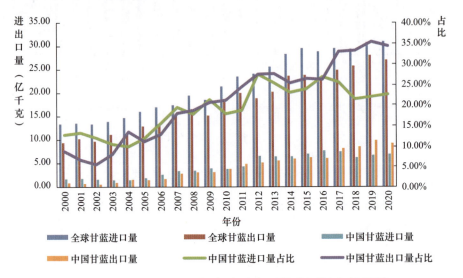

图 2.23　2000—2020 年全球及中国甘蓝国际贸易规模

图 2.24　2010—2020 年全球甘蓝主要进口国及进口量

图 2.25　2010—2020 年全球甘蓝主要出口国及出口量

3.1 专利申请趋势

截至 2022 年 1 月 27 日，检索并筛选得到辣椒育种领域全球专利 2335 项。图 3.1 为全球辣椒育种专利年份趋势。从图 3.1 中可以看出，1990 年前专利数量较少，每年的专利数量几乎没有增长。自 1999 年起专利数量大幅增长，之后虽伴有阶段性回落，但总体呈现上扬态势，于 2018 年达到专利申请数量的顶峰。考虑到专利从申请到公开的时滞（最长达 30 个月，其中包括 12 个月优先权期限和 18 个月公开期限），2019—2021 年的专利数量与实际不一致，因此不能完全代表这 3 年的申请趋势。

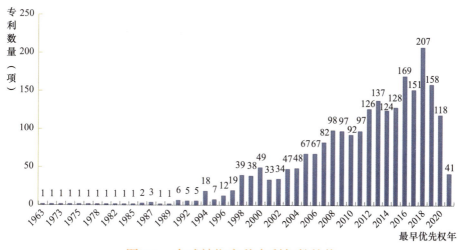

图 3.1　全球辣椒育种专利年份趋势

　　早年全球辣椒育种的专利与辣椒增产、辣椒抗性及辣椒制品相关加工设备有关。例如，1974 年公开的专利 *Capsicum annum L.timpuriu 30 gives high yield of 8 to 9 MM seeds*，1985 年苏联公开的专利 *Sweet pepper resistance to withering determination by establishing free proline content in seeds* 等。

　　图 3.2 为全球辣椒育种专利技术生命周期，由于 1986 年以前专利数量较少，因此该图将 1963—1985 年作为一个节点，其余年份均以 3 年作为一个节点绘制，每个节点的专利权人数量为横坐标，专利数量为纵坐标，通过专利权人数量和专利数量的逐年变化关系，揭示全球辣椒育种专利技术所处的发展阶段。需要特别说明的是，图 3.2 中的专利权人数量为排除个人专利权人后的机构数量。通常意义上，技术生命周期可划分为 5 个阶段：①萌芽期，社会对该技术了解不多，投入意愿低，机构进行技术投入的热情不高，专利数量和专利权人数量都不多；②成长期，产业技术有了突破性的进展，或是各个专利权人根据市场估值的判断，投入大量精力进行研发，该阶段专利数量和专利权人数量均急剧上升；③成熟期，此时除少数专利权人外，大多数专利权人已经不再投入研发力量，也没有新的专利权人愿意进入该市场，此时的专利数量及专利权人数量增加的趋势均逐渐缓慢；④衰退期，产业技术研发或因为遇到技术瓶颈难以突破，或因为产业发展已经过于成熟而趋于停滞，专利数量及专利权人数量均在逐渐减少；⑤恢复期，随着技术的革新与发展，原有的技术瓶颈得到突破，之后带来新一轮专利数量的增加。

　　从图 3.2 中可以看出，全球辣椒育种技术从 1963 年开始有专利申请，1963—1985 年每年最多只有一项专利公布，1992 年以前的专利数量与专利权人数量均不多，可见辣椒育种技术经历了近 20 年

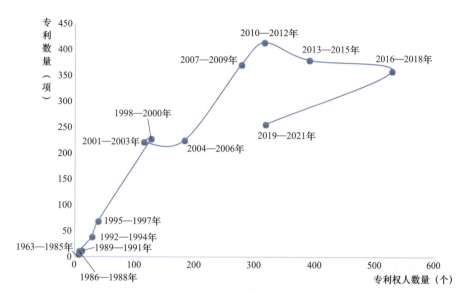

图 3.2　全球辣椒育种专利技术生命周期

的萌芽期（1963—1991 年），随后进入初步成长期（1992—2003 年），
专利数量与投入研发的专利权人数量增长均较快。2004—2006 年进
入了短暂的成熟期，在突破技术瓶颈后，2007—2012 年进入了新一
轮的成长期，专利数量增长迅速。2013 年至今，该领域的技术发展
到了相对成熟的阶段，专利数量与专利权人数量的变化不大。特别
需要说明的是，由于专利申请与公开之间存在时滞，2019—2021 年
的专利数量数据不完整，所以其曲线上的回落不能代表技术衰退。

3.2　专利地域分析

3.2.1　专利来源国家 / 地区分析

图 3.3 为全球辣椒育种专利主要来源国家 / 地区分布，最早优先
权国家 / 地区在一定程度上反映了技术的来源地。从图 3.3 中可以看
出，专利数量排名前 5 位的国家 / 地区依次是：美国、中国、韩国、
日本、欧洲。美国和中国为辣椒育种专利技术的主要来源国家，其

他国家／地区的专利数量与这两个国家相差较远。美国专利数量为830项，占全部专利数量的35.55%。中国专利数量为773项，占全部专利数量的33.10%。其他国家／地区专利数量占比较低。

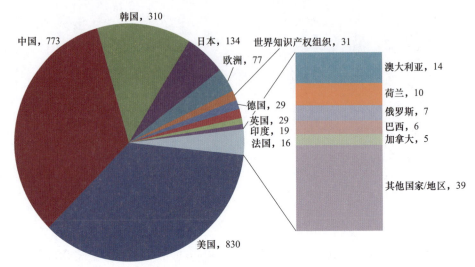

图3.3　全球辣椒育种专利主要来源国家／地区分布（单位：项）

表3.1显示了全球辣椒育种主要专利来源国家／地区活跃机构、活跃度及技术分布。从表3.1中可以看出，美国是专利来源排名前5位的国家／地区中最早开始相关研究的，主要涉及的技术为分子标记辅助选择，群体轮回选择的专利数量也远高于其他国家／地区。中国2019—2021年的专利活跃度很高，全部的773项专利中，有27%的专利均是这段时间申请的，主要的专利申请机构包括中国农业科学院蔬菜花卉研究所、湖南省蔬菜研究所和山东农业大学，主要育种技术为分子标记辅助选择。韩国和欧洲的相关研究起步较晚，1998年才有相关专利产出，分子标记辅助选择是主要的育种技术。从各个国家／地区的活跃机构来看，孟山都公司、巴斯夫公司、拜耳作物科学是主要的产业主体，专利数量高于其他机构，与美国、日本、欧洲不同的是，中国、韩国的活跃机构均为科研机构和高校。分子标记辅助选择是辣椒育种的主要技术，单倍体育种和群体轮回选择的应用较少。

表 3.1　全球辣椒育种主要专利来源国家／地区活跃机构、活跃度及技术分布

国家／地区	专利数量（项）	活跃机构	年份跨度（年）	2019—2021 年专利数量占比	主要技术分布（项）
美国	830	孟山都公司 [204]；巴斯夫公司 [94]；拜耳作物科学 [47]	1975—2020	6%	分子标记辅助选择 [196]；群体轮回选择 [100]；单倍体育种 [36]
中国	773	中国农业科学院蔬菜花卉研究所 [25]；湖南省蔬菜研究所 [20]；山东农业大学 [17]	1993—2021	27%	分子标记辅助选择 [477]；单倍体育种 [16]；群体轮回选择 [1]
韩国	310	中央大学 [44]；高丽大学 [43]；首尔国立大学 [28]	1998—2020	9%	分子标记辅助选择 [104]；单倍体育种 [4]；群体轮回选择 [1]
日本	134	日本农业·食品产业技术综合研究机构 [5]；味之素公司 [4]；日本德尔蒙公司 [4]	1991—2021	7%	分子标记辅助选择 [85]
欧洲	77	巴斯夫公司 [30]；帝斯曼知识产权资产有限公司 [12]；先正达公司 [7]	1998—2020	4%	分子标记辅助选择 [18]；单倍体育种 [4]；群体轮回选择 [1]

3.2.2　专利受理国家 / 地区分析

对一般企业和研究机构而言，首先会选择在本国申请专利，一些竞争力和技术保护意识强的企业为了保持自己在市场上的主导地位，构建目标区域专利壁垒或有意愿全面开拓目标市场并增强知识产权防御能力，就会考虑在国外开展专利布局。因此，一个国家 / 地区的专利受理情况，在某种程度上反映了技术的流向，也反映出其他国家对该国市场的重视程度。

将辣椒育种领域全球 2335 项专利家族展开后得到 6350 件同族专利。图 3.4 显示了全球辣椒育种领域 6350 件同族专利的受理国家 / 地区情况 [①]。其中，在美国受理的专利有 1242 件，约占全球辣椒育种专利总量的 19.56%，是全球最受重视的技术市场；中国受理的专利有 1068 件，约占全球辣椒育种专利总量的 16.82%。整体来看，亚洲、美洲是辣椒育种专利主要的公开地区。

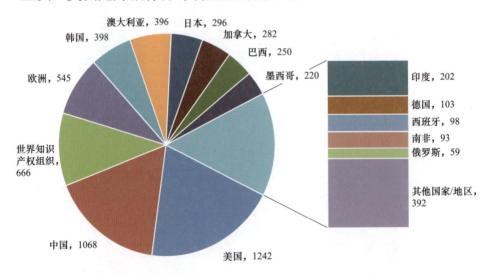

图 3.4　全球辣椒育种专利受理国家 / 地区分析（单位：件）

---

① 由于各国间存在专利合作现象，因此图 3.4 中展示的专利件数与同族专利数量不一致，后续章节的图也有类似情况，特此说明。

3.2.3　专利技术流向

借助技术起源地（专利最早优先权国家／地区）与技术扩散地（专利受理国家／地区）之间的关系，可以探讨全球辣椒育种专利排名前4位的国家技术流向特点。全球辣椒育种专利数量排名前4位的国家技术流向如图3.5所示。从图3.5中可以看出，经美国专利局输出的专利比例最高，有28.91%的专利流向其他3个国家。经韩国、日本专利局输出的专利分别占该国全部专利数量的8.29%和8.45%，唯独经中国输出的专利最少，仅有1.21%的专利输出到其他3个国家。

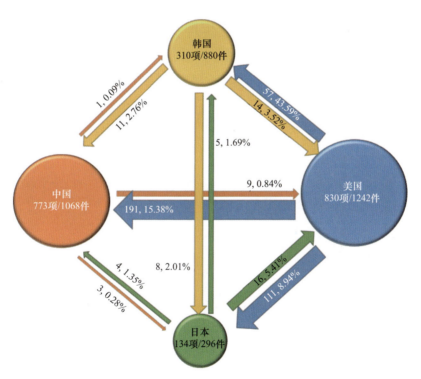

图3.5　全球辣椒育种专利排名前4位的国家技术流向

值得注意的是，图3.5中显示了专利家族展开同族前后的专利项数和件数，美国专利共830项/1242件，中国专利共773项/1068件，韩国专利共310项/880件，日本专利共134项/296件，这4个国家每个专利家族拥有的同族专利成员数量均不多，可见辣椒育种领域的技术点较为分散，全球性的知识产权壁垒尚未完全构建。

3.2.4　主要国家/地区专利质量对比

图 3.6 为全球辣椒育种专利排名前 5 位的国家/地区专利质量对比。图 3.6 中专利强度区间所列的分值为 Innography 数据库中获取到的专利强度区间信息。从 Innography 数据库获取到有专利强度值的美国专利 583 件，中国专利 69 件，韩国专利 9 件，欧洲专利 25 件，英国专利 7 件。其中，美国 60 分及以上专利共 43 件，占其全部专利（1242 件）的 3.46%，中国 60 分及以上专利仅 1 件。由此可见，美国高分专利占比更高，专利质量更高，中国专利权人在申请专利时，应更加注重专利的质量。

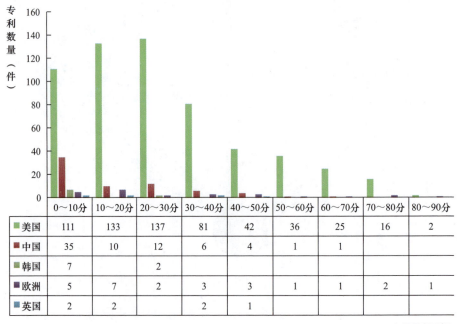

	0~10分	10~20分	20~30分	30~40分	40~50分	50~60分	60~70分	70~80分	80~90分
美国	111	133	137	81	42	36	25	16	2
中国	35	10	12	6	4	1	1		
韩国	7		2						
欧洲	5	7	2	3	3	1	1	2	1
英国	2	2		2	1				

专利强度区间

图 3.6　全球辣椒育种专利排名前 5 位的国家/地区专利质量对比

3.3　专利技术与应用分析

3.3.1　专利技术分布

图 3.7 为全球辣椒育种专利技术分布。从图 3.7 中可以看出，辣椒育种技术种类较少，技术分布较集中。分子标记辅助选择是辣椒育种最常用的技术，共有专利 1006 项，远超过其他两项技术。群体轮回选择是指从某一群体中选择理想个体进行互交，实现基因和性状的重组，从而形成新的群体，该方法目前在辣椒育种领域应用不多，有专利 104 项。单倍体育种专利数量最少，仅有 64 项。

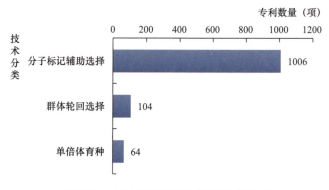

图 3.7　全球辣椒育种专利技术分布

表 3.2 展示了全球辣椒育种专利技术详细分析。从表 3.2 中可以看出，分子标记辅助选择是最早应用在辣椒育种领域的生物育种技术，可以从分子水平上准确地分析辣椒遗传组成，并筛选目的基因，在辣椒品种选育方面有广阔的应用潜力，特别是对抗病、抗逆、优质、高产品种的选育具有正向促进作用。辣椒单倍体育种主要涉及花药培养技术和小孢子培养技术，其中花药培养技术的理论研究体系相对完善，逐步进入实际应用阶段，但两种方法在推广应用上都存在一些困难，如基因型依赖、污染率高、诱导率低等问题，技术体系亟待完善。

表 3.2 全球辣椒育种专利技术详细分析

排名	技术分类	专利数量（项）	年份跨度（年）	2019—2021年专利数量占比	主要专利权人专利数量（项）	主要国家/地区专利数量（项）
1	分子标记辅助选择	1006	1997—2021	18.49%	FNP公司[25]；中国农业科学院蔬菜花卉研究所[23]；孟山都公司[23]；Keygene公司[12]；先正达公司[12]	中国[477]；美国[196]；韩国[104]
2	群体轮回选择	104	2010—2020	3.12%	孟山都公司[90]；坂田种子公司[4]；以色列农业与农村发展部[2]；巴斯夫公司[2]	美国[100]；中国[746]；加拿大[1]
3	单倍体育种	64	2014—2021	14.06%	巴斯夫公司[14]；孟山都公司[11]；先正达公司[6]	美国[36]；中国[16]；欧洲[4]

从各技术分类的主要专利权人可看出，美国和中国的机构在该领域技术优势比较明显。分子标记辅助选择技术主要集中在 FNP 公司（25 项）、中国农业科学院蔬菜花卉研究所（23 项）、孟山都公司（23 项）。群体轮回选择主要集中在孟山都公司（90 项），其他专利权人较少开展相关研究。单倍体育种在辣椒育种中的应用还相对较少，是值得关注的研究热点，巴斯夫公司（14 项）和孟山都公司（11 项）都已开始进行相关的技术研发。

分析各技术分类的年度专利数量，可以看出全球辣椒育种领域各类技术的发展趋势和走向。图 3.8 列出了 1997—2021 年全球辣椒育种各技术分类年度专利数量。从图 3.8 中可以看出，分子标记辅助选择技术是辣椒育种中的常用技术，专利数量整体呈逐年上升趋势，2018 年专利数量达到峰值（120 项）。2013 年以前群体轮回选择和单倍体育种在辣椒育种领域专利数量较少，后期缓慢增加。群体轮回选择在 2016 年时专利数量最多，为 20 项；单倍体育种在 2018 年时专利数量最多，为 11 项。

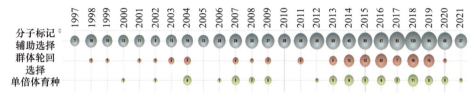

图 3.8　全球辣椒育种各技术分类年度专利数量（单位：项）

图 3.9 为全球辣椒育种技术功效矩阵。从图 3.9 中可以看出，分子标记辅助选择主要应用于辣椒育种，用来提升辣椒新品种抗病性、易栽培及改善品质。群体轮回选择主要用于辣椒栽培、抗病、抗逆品种的选育。

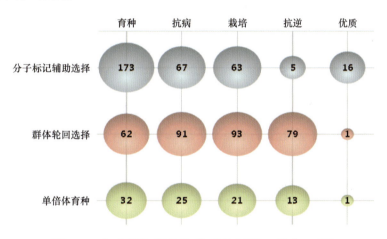

图 3.9　全球辣椒育种技术功效矩阵（单位：项）

3.3.2　专利技术主题聚类

图 3.10 展示了全球辣椒育种专利技术主题聚类。该主题聚类图是基于全球辣椒育种技术的相关专利题名、摘要在 DI 数据库中利用 ThemeScape 专利地图功能进行的技术聚类。该主题聚类会将相似的主题记录进行分组，根据主题文献密度大小形成体积不等的山

峰，山峰高度代表文献记录的密度，山峰之间的距离代表区域中文献记录的关系，距离越近则内容越相似。

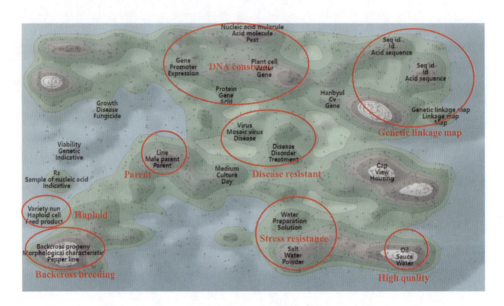

图 3.10　全球辣椒育种专利技术主题聚类

通过对全球辣椒育种技术专利的文本挖掘和聚类，发现技术热点主要聚焦在以下几个方面：一是辣椒 DNA 结构的识别、鉴定及蛋白表达水平的研究；二是辣椒遗传连锁图谱的建立；三是优质、抗病、抗逆辣椒品种的选育；四是辣椒杂交育种中亲本的选择；五是回交育种、单倍体育种等技术在辣椒育种领域中的应用。

3.3.3　专利应用分布

图 3.11 展示了全球辣椒育种专利应用分布。辣椒育种专利数量最多（871 项），是该领域的技术研发热点。抗病性强、适宜栽培的辣椒品种培育也受到较多关注，专利数量分别为 594 项和 545 项，辣椒抗逆性改良也有一定的市场关注度，专利数量为 214 项。相比之下，目前优质领域的专利数量较少（77 项），是辣椒育种领域值

得关注并可能及时抢占市场的应用方向。

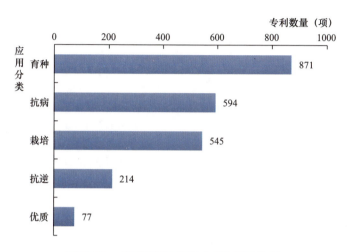

图 3.11　全球辣椒育种专利应用分布

表 3.3 为全球辣椒育种专利应用分类的详细分析。从表 3.3 中可以看出，辣椒育种是技术研发投入最早的领域，1974—2021 年均有相关专利产出，2019—2021 年的专利数量占比为 12.17%，孟山都公司、巴斯夫公司及拜耳作物科学是辣椒育种领域的主要产业主体，这些知名跨国企业拥有较完善的研发体系并不断进行产品和技术创新，在市场上拥有较强的竞争实力。抗病领域的专利起源于 1987 年，2019—2021 年专利产出的活跃度较之其他应用领域稍低，专利数量占比为 10.61%，孟山都公司、高丽大学和巴斯夫公司为主要产业主体。栽培、抗逆领域的专利都起源于 1991 年，栽培领域的专利活跃度相对较高，2019—2021 年的专利数量占比为 17.80%，大型跨国企业为该领域主要产业主体。在抗逆领域中，主要产业主体除孟山都公司外，韩国产业主体体现了较强的实力，中央大学和高丽大学在该领域产出了一定的技术成果。优质辣椒育种的专利最早产出于 1995 年，2019—2021 年专利数量占比为

14.29%，是较为活跃的领域，我国专利权人贵州省农业科学院辣椒研究所和中国农业科学院蔬菜研究所是该领域的主要专利权人。

表 3.3　全球辣椒育种专利应用分类的详细分析

排名	应用分类	专利数量（项）	年份跨度（年）	2019—2021 年专利数量占比	主要专利权人专利数量（项）	主要国家/地区专利数量（项）
1	育种	871	1974—2021	12.17%	孟山都公司 [112]；巴斯夫公司 [104]；拜耳作物科学 [49]	美国 [423]；中国 [248]；韩国 [95]
2	抗病	594	1987—2021	10.61%	孟山都公司 [163]；高丽大学 [42]；巴斯夫公司 [20]	美国 [331]；中国 [103]；韩国 [99]
3	栽培	545	1991—2021	17.80%	孟山都公司 [146]；巴斯夫公司 [26]；先正达公司 [19]	美国 [259]；中国 [143]；韩国 [41]
4	抗逆	214	1991—2020	11.68%	孟山都公司 [105]；中央大学 [30]；高丽大学 [11]	美国 [125]；韩国 [58]；中国 [25]
5	优质	77	1995—2021	14.29%	孟山都公司 [4]；首尔国立大学 [4]；Conagen 公司 [3]；贵州省农业科学院辣椒研究所 [3]；中国农业科学院蔬菜花卉研究所 [3]	中国 [31]；美国 [24]；日本 [8]

　　图 3.12 为全球辣椒育种各应用分类年度专利数量。从图 3.12 中可以看出，5 个应用分类的年度专利数量虽偶有波动，但整体呈稳定上升趋势。5 个应用分类的专利数量高峰均出现在 2016 年，考虑到专利从申请到公开的时滞（最长达 30 个月，其中包括 12 个月优先权期限和 18 个月公开期限），2019—2021 年的专利数量与实际不一致，因此不能完全代表这 3 年的申请趋势。

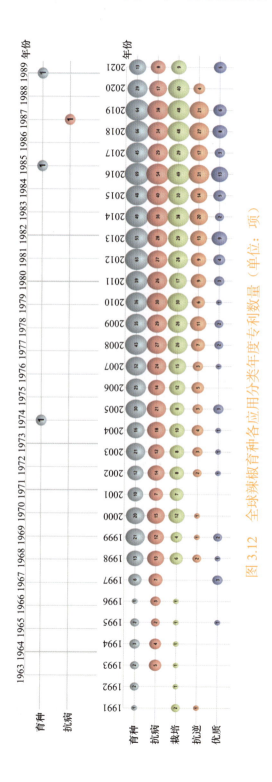

图 3.12　全球辣椒育种各应用分类年度专利数量（单位：项）

3.4　主要产业主体分析

主要产业主体分析主要分析全球辣椒育种领域专利权人的专利产出数量，遴选出主要的专利权人，作为后续多维组合分析、评价的基础，通过对清洗后专利家族的专利权人进行分析，可以了解该领域的主要研发机构。

全球辣椒育种领域排名前 11 位的产业主体分布如图 3.13 所示。从图 3.13 中可以看出，产业主体具体包括孟山都公司（美国，208 项）、巴斯夫公司（德国，126 项）、拜耳作物科学（德国，55 项）、中央大学（韩国，44 项）、高丽大学（韩国，44 项）、先正达公司（瑞士，40 项）等，排名前 11 位的产业主体中，来自美国的机构有 2 个，来自德国的机构有 2 个，来自韩国的机构有 4 个，来自中国、瑞士、荷兰的机构各有 1 个。其中，孟山都公司于 2018 年 6 月被拜耳作物科学收购，先正达公司于 2019 年被中化集团收购，杜邦公司也在 2019 年后进行了一系列合并、拆分等商业行为。但由于这些知名跨国企业拥有悠久历史并在农化领域有着较大的影响力，此次仍作为独立机构进行分析。中国和韩国在辣椒育种领域的主要专利权人除 FNP 公司外，专利申请还集中在科研机构中，说明两国在本领域尚未完全形成以企业为领军的产业化模式。

表 3.4 列出了全球辣椒育种排名前 11 位的产业主体活跃度和主要技术特长。拜耳作物科学、先正达公司和孟山都公司在辣椒育种领域的研究起步都很早，在 20 世纪 90 年代初就有相关专利布局，且专利产出较为连续，2019—2021 年仍有专利产出。韩国机构在 2000 年以后陆续投入研发，首尔国立大学和中央大学在 2019—2021 年的专利数量占比分别为 19.00% 和 11.00%，说明其研发活动

仍处于较活跃的阶段。FNP 公司近年未产出相关专利，或与该机构研发方向变化有关。中国农业科学院蔬菜花卉研究所于 2006 年产出相关专利，在该领域产出专利的时间较晚，但 2019—2021 年的专利数量占比达到 64.00%，是当前研发活跃度最高的机构。

图 3.13　全球辣椒育种领域排名前 11 位的产业主体分布

表 3.4　全球辣椒育种排名前 11 位的产业主体活跃度和主要技术特长

排名	专利权人	专利数量（项）	年份跨度（年）	2019—2021 年专利数量占比	主要技术专利数量分布（项）
1	孟山都公司	208	1994—2020	7%	群体轮回选择 [90]； 分子标记辅助选择 [23]； 单倍体育种 [11]
2	巴斯夫公司	126	1998—2020	4%	单倍体育种 [14]； 分子标记辅助选择 [7]； 群体轮回选择 [2]
3	拜耳作物科学	55	1992—2019	2%	分子标记辅助选择 [4]； 群体轮回选择 [1]； 单倍体育种 [1]
4	中央大学	44	2000—2019	11%	分子标记辅助选择 [1]
5	高丽大学	44	2004—2019	2%	分子标记辅助选择 [1]

（续表）

排名	专利权人	专利数量（项）	年份跨度（年）	2019—2021年专利数量占比	主要技术专利数量分布（项）
6	先正达公司	40	1992—2020	10%	分子标记辅助选择 [12]；单倍体育种 [6]；群体轮回选择 [6]
7	首尔国立大学	31	2003—2020	19%	分子标记辅助选择 [7]
8	FNP 公司	25	2003—2016	0%	分子标记辅助选择 [25]
9	中国农业科学院蔬菜花卉研究所	25	2006—2021	64%	分子标记辅助选择 [23]
10	杜邦公司	24	1997—2019	4%	分子标记辅助选择 [6]
11	瑞克斯旺种苗集团有限公司	24	2012—2019	4%	分子标记辅助选择 [8]；单倍体育种 [2]

孟山都公司、拜耳作物科学、巴斯夫公司的专利技术重点略有不同，孟山都公司重点在于辣椒群体轮回选择，利用该方法提高数量基因的有利基因频率，打破劣势基因的连锁，为辣椒育种提供更加优良的种质资源。巴斯夫公司在单倍体育种方面布局了较多专利，拜耳作物科学则利用分子标记辅助选择，对辣椒优良基因进行定位、筛选和创制，提高辣椒育种的效率和质量。韩国机构和中国专利权人目前的技术重点均为分子标记辅助选择，利用生物技术加快辣椒育种进程。

3.4.1　主要产业主体的专利申请趋势

图 3.14 列出了全球辣椒育种排名前 5 位的产业主体年度专利数量，从图 3.14 中可以看出本领域主要机构的起步时间和发展趋势。孟山都公司在该领域的年度专利数量具有明显优势，且专利产出较连续。高丽大学专利产出集中在 2004—2013 年。

图 3.14　全球辣椒育种排名前 5 位的产业主体年度专利数量（单位：项）

孟山都公司于 1994 年申请辣椒育种相关专利 1 项，标题为 *DNA encoding NIb replicase of FLA83-W strain papaya ringspot virus and related vectors and transformed cells, used to produce virus resistant plants*，该专利主要研究编码 FLA83-W 株木瓜环斑病毒 NIb 复制酶的 DNA 及其相关载体和转化细胞，用于生产包括辣椒在内的抗病毒植物。1995—2006 年孟山都公司专利申请不连续、数量少，2007 年开始专利数量增加并保持较为稳定的水平，2007—2020 年均有相关专利产出。

巴斯夫公司于 1998 年才有 1 项专利申请，标题为 *Obtaining transgenic plants with tolerance to abiotic stress, especially salt-tolerant plants*，这项专利研发了抗逆，特别是耐盐的转基因植物。除 2010 外，巴斯夫公司均有相关专利申请，但 2013 年后专利数量明显减少，说明该公司近几年减少了在辣椒育种领域的专利布局。

拜耳作物科学是排名前 5 位的专利权人中最早产出相关专利的。1992 年申请辣椒育种相关专利 1 项，标题为 *Maintainer gene for maintenance of male-sterile plants comprises fertility-restorer gene and pollen-lethality gene*，这项专利内容有关雄性不育植物保持系基因组。2009—2011 年，拜耳作物科学在本领域的专利数量相对较多，之后专利数量下降明显。

中央大学于 2000 年开始申请相关专利，标题分别为 *Chitinase gene of capsicum annuum l.cv.hanbyul and probing method of resistance to plant diseases*、*Glucanase gene of capsicum annuum l.cv.hanbyul and probing method of resistance to plant diseases*、*Composition for controlling bacterial spot disease in tomatoes and peppers comprises drug containing Xanthomonas campestris vesicatoria that overexpresses DNA methyltransferase*，这 3 项专利分别与辣椒几丁质酶基因、辣椒葡聚糖酶基因及植物抗病性检测相关。但是中央大学在 2005—2012 年无相关专利产出，直到 2013 年才又开始产出辣椒育种专利，

且数量较为稳定。

高丽大学的专利申请集中在 2004—2013 年，之后无相关专利申请，直到 2019 年才有 1 项专利申请。

3.4.2　主要产业主体的专利布局

图 3.15 为全球辣椒育种排名前 5 位的产业主体的主要专利布局。图 3.15 中的横坐标轴为各产业主体在各国家／地区的专利数量（件），纵坐标轴为专利公开国家／地区。

从图 3.15 中可以看出，巴斯夫公司、孟山都公司和拜耳作物科学的专利技术主要布局在美国、欧洲、澳大利亚、加拿大和中国，这 3 家公司利用技术优势抢占海外市场，在辣椒育种领域构建了较为广泛的知识壁垒。此外，这 3 家公司还申请了一定数量的 PCT 专利，以此向别国申请专利。

中央大学和高丽大学的绝大部分专利都是在韩国本土申请的，仅中央大学有 2 件专利在美国申请，说明韩国机构在辣椒育种技术方面的海外布局工作仍有待开展。

3.4.3　主要产业主体的专利技术与应用分析

主要产业主体的专利技术与应用分析是对主要产业主体投资的技术领域进行对比分析，深入了解产业主体的专利布局情况，透析各产业主体的技术核心及重点应用领域。图 3.16 为全球辣椒育种专利排名前 5 位的产业主体技术功效矩阵，这 5 个产业主体所涉及的技术包括 3 个方向。从图 3.16 中可以详细看出各产业主体的技术分布、不同的技术侧重点及特长。孟山都公司技术重点在群体轮回选择，辣椒育种专利的应用重点在抗病、宜栽培品种选育。巴斯夫公司的技术重点为单倍体育种，且在辣椒育种方面应用较为广泛。两家韩国机构的技术重点均为分子标记辅助选择，对抗病、抗逆辣椒品种培育非常关注。

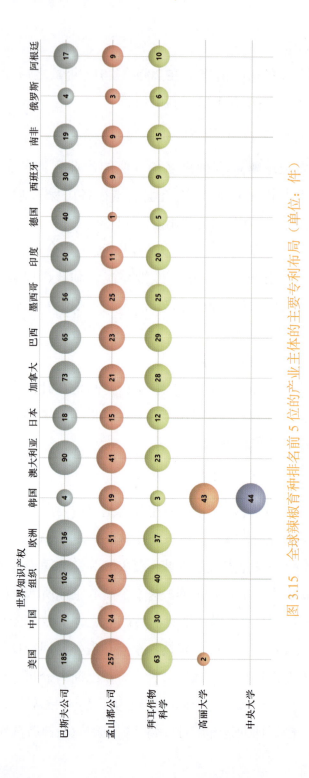

图 3.15　全球辣椒育种排名前 5 位的产业主体的主要专利布局（单位：件）

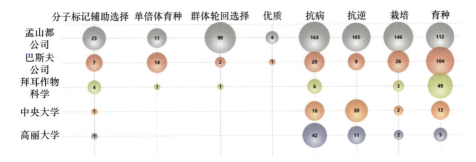

图 3.16　全球辣椒育种专利排名前 5 位的产业主体技术功效矩阵（单位：项）

3.5　主要产业主体竞争力分析

为了进一步了解辣椒育种领域全球主要产业主体的竞争格局和竞争力对比情况，本章选取最早优先权年范围为 2011—2021 年，将专利数量排名前 10 位的产业主体作为分析对象，从专利数量、申请趋势、优势技术、授权保护、专利运营、专利质量、专利技术发展路线等维度进行产业主体竞争力分析。

3.5.1　主要产业主体专利数量及申请趋势对比分析

全球辣椒育种领域 2011—2021 年共申请专利 1456 项，专利数量排名前 10 位的产业主体共申请专利 373 项。图 3.17 为 2011—2021 年全球辣椒育种主要产业主体分布，其中，中国机构 4 个、韩国机构 3 个、美国机构 2 个、德国机构 2 个、瑞士机构 1 个。美国孟山都公司仍然是辣椒育种领域的领军机构，2011—2021 年的专利数量为 136 项。

2011—2021 年，更多的中国机构进入全球排名前 12 位的专利权人中，可见辣椒育种在中国具有较高的研究热度和研发活跃度，越来越多的机构在辣椒育种方面取得了技术创新。其中，中国农业科学院蔬菜花卉研究所专利数量为 23 项，湖南省蔬菜研究所专利数量为 20 项，北京市农林科学院与山东农业大学专利数量均为 14 项。

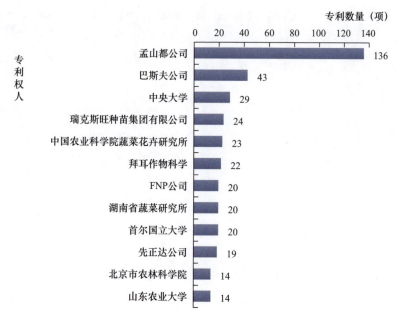

图 3.17　2011—2021 年全球辣椒育种主要产业主体分布

图 3.18 为 2011—2021 年辣椒育种主要产业主体的专利年份趋势。整体来看，孟山都公司、巴斯夫公司、中央大学的专利申请较为连续，且专利数量相对稳定。孟山都公司的专利数量高峰出现在 2016 年，产出专利 23 项。瑞克斯旺种苗集团有限公司、拜耳作物科学、先正达公司的专利产出不连续，且专利数量呈现下降趋势，推测其研发方向发生变化。

中国专利权人的专利大部分在 2015 年后申请，中国农业科学院蔬菜花卉研究所 2019 年和 2021 年专利数量较多，均为 6 项，湖南省蔬菜研究所 2020 年专利数量较多，为 7 项，可见这两家机构对辣椒育种的研发较为重视。北京市农林科学院专利数量略有下降趋势，山东农业大学专利产出不连续。

3.5.2　主要产业主体优势技术

图 3.19 展示了 2011—2021 年辣椒育种主要产业主体的技术分布，需要注意的是，一项专利可能会涉及多项技术。

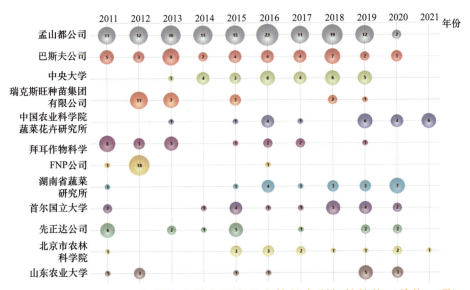

图 3.18　2011—2021 年辣椒育种主要产业主体的专利年份趋势（单位：项）

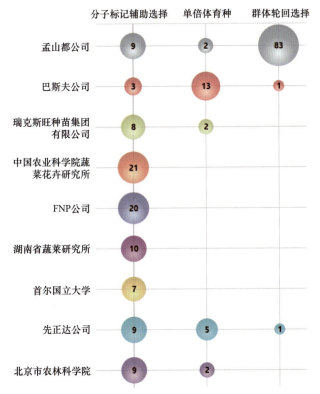

图 3.19　2011—2021 年辣椒育种主要产业主体的技术分布（单位：项）

在技术领域，孟山都公司最关注群体轮回选择，相关专利数量为 83 项，远高于其他机构。巴斯夫公司的技术优势为单倍体育种，相关专利数量为 13 项。其余产业主体多关注分子标记辅助选择。北京市农林科学院在单倍体育种方面申请专利数量为 2 项。

3.5.3 主要产业主体的授权保护对比分析

将主要产业主体全部专利家族进行同族扩充和归并申请号，得到 2011—2021 年辣椒育种主要产业主体的专利申请数量与有效专利数量对比，如图 3.20 所示。从图 3.20 中可以看出，孟山都公司、拜耳作物科学和巴斯夫公司进行同族扩充后的专利数量远超过其他产业主体，说明这 3 个产业主体就一项专利技术在多个国家 / 地区进行

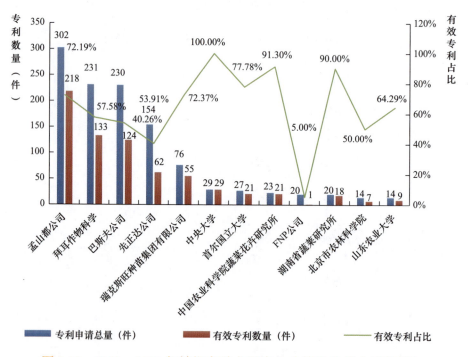

图 3.20　2011—2021 年辣椒育种主要产业主体的专利申请数量与
有效专利数量对比

了专利的申请布局，因此专利家族成员众多。而中国和韩国的产业主体，其专利的件数与项数差别均较小，说明两国产业主体的专利家族规模较小，全球专利布局相较于大型国际公司还存在不小的差距。

从有效专利占比来看，韩国中央大学有效专利占比最高，达100.00%，中国农业科学院蔬菜花卉研究所排在第 2 位，有效专利占比为 91.30%；湖南省蔬菜研究所排在第 3 位，有效专利占比为90.00%。有效专利占比最少的是韩国的 FNP 公司，有效专利数量仅占该公司全部专利数量的 5.00%。

3.5.4　主要产业主体的专利运营情况对比分析

专利的有效运营可以使产业主体获得并保持市场竞争优势，并带来一定的经济效益，在一定程度上能够体现技术进行成果转化的效果。图 3.21 为 2011—2021 年辣椒育种主要产业主体的专利运营分布，部分产业主体仅发生了专利转让，没有专利许可。总体来看，中国和韩国产业主体在辣椒育种领域尚未有专利进行转让，而孟山都公司、拜耳作物科学和巴斯夫公司的转让专利则相对较多，分别转让专利 135 件、65 件和 66 件。从转让专利的数量可以反映出产业主体的专利价值、专利转移转化和产业化成果，从而发现中国产业主体在专利运营上与国外产业主体之间的巨大差距。

3.5.5　主要产业主体专利质量对比分析

本次分析采用 Innography 数据库中的专利强度区间来定义和分析专利质量，绘制 2011—2021 年辣椒育种主要产业主体的专利质量对比，如图 3.22 所示。从图 3.22 中可以看出，80 分以上的专利基本上掌握在孟山都公司、拜耳作物科学和巴斯夫公司等知名跨国企业手中，中国和韩国机构的专利中，0 ~ 20 分专利占比较高。荷兰瑞克斯旺种苗集团有限公司 20 ~ 30 分区间的专利较多。

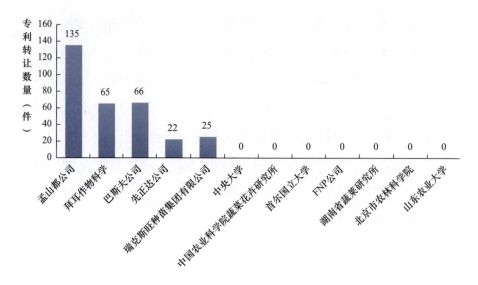

图 3.21　2011—2021 年辣椒育种主要产业主体的专利运营分布

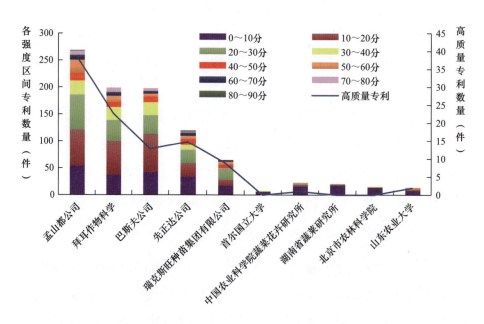

图 3.22　2011—2021 年辣椒育种主要产业主体的专利质量对比

经过统计分析 Innography 数据库中的专利强度信息，本次检索到的全部辣椒育种专利中，排名前 10% 的专利强度在 55 分以上，故本书定义 Innography 专利强度大于或等于 55 分的专利为高质量专利。从图 3.22 中的高质量专利曲线可以看出，孟山都公司的高质量专利数量最多（39 件），其次为拜耳作物科学（23 件）、先正达公司（15 件）、巴斯夫公司（13 件）、瑞克斯旺种苗集团有限公司（9 件）。中国产业主体拥有高质量专利数量较少，山东农业大学 2 件，中国农业科学院蔬菜花卉研究所 1 件。韩国产业主体没有高质量专利。

2011—2021 年辣椒育种主要产业主体的高质量专利申请趋势如图 3.23 所示。可以看出，高质量专利的申请年集中在 2011—2015 年，其中，孟山都公司在 2015 年申请高质量专利 14 件，拜耳作物科学在 2014 年申请高质量专利 11 件，是值得关注的重点专利。中国产业主体中，山东农业大学 2019 年申请高质量专利 2 件，中国农业科学院蔬菜花卉研究所 2020 年申请高质量专利 1 件。

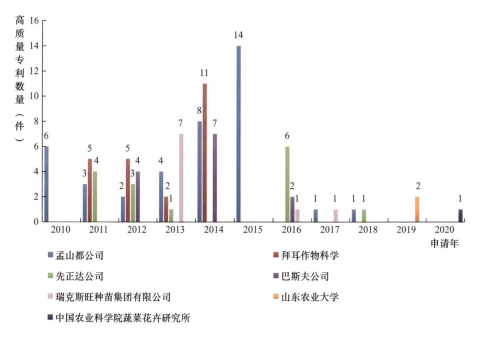

图 3.23　2011—2021 年辣椒育种主要产业主体的高质量专利申请趋势

3.6 高质量专利态势分析

本节针对全球辣椒育种专利中，专利强度大于或等于 55 分的 615 件高质量专利进行分析。

3.6.1 高质量专利申请趋势

全球辣椒育种高质量专利申请趋势如图 3.24 所示，1989 年最早申请的 1 件高质量专利，目前已失效。2008 年是高质量专利申请高峰，主要来自孟山都公司、先正达公司和巴斯夫公司等。

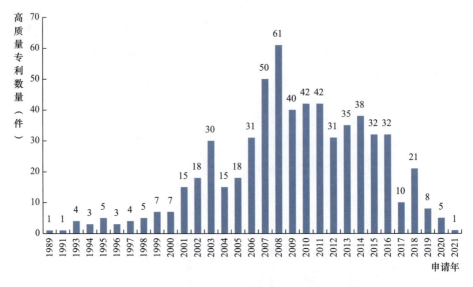

图 3.24　全球辣椒育种高质量专利申请趋势

3.6.2 高质量专利来源国家 / 地区分布

全球辣椒育种高质量专利来源国家 / 地区分布如图 3.25 所示。从图 3.25 中可以看出，全球辣椒育种高质量专利主要来源于美国（461 件），占全部高质量专利的 75%。其次来自欧洲（85 件）、以色列（17 件）、英国（14 件）。中国拥有辣椒育种领域的高质量专利 5 件，专利质量和技术影响力有待进一步提升。

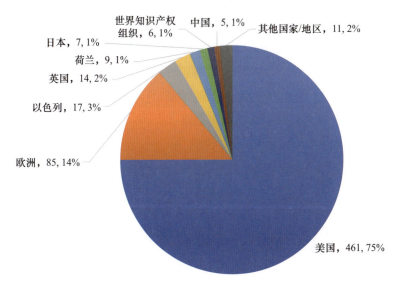

图 3.25　全球辣椒育种高质量专利来源国家 / 地区分布（单位：件）

3.6.3　高质量专利主要产业主体分布

辣椒育种高质量专利主要产业主体分布如图 3.26 所示。从图 3.26 中可以看出，孟山都公司的高质量专利数量最多，有 115 件，其次为巴斯夫公司和先正达公司，分别拥有高质量专利 104 件和 94 件，这 3 家产业主体的高质量专利数量远超其他机构。排名前 10 位的产业主体共申请高质量专利 402 件，占全部高质量专利的 65.37%，可见本领域的高质量专利集中掌握在这些机构，特别是大型跨国农化企业，非排名前 10 位的产业主体拥有的高质量专利数量较少。

辣椒育种高质量专利主要产业主体申请趋势如图 3.27 所示。从图 3.27 中可以看出，巴斯夫公司高质量专利产出较连续，2000—2012 年均有高质量专利产出。孟山都公司高质量专利数量优势明显，2008 年时最多，为 22 件。

图 3.26　辣椒育种高质量专利的主要产业主体分布

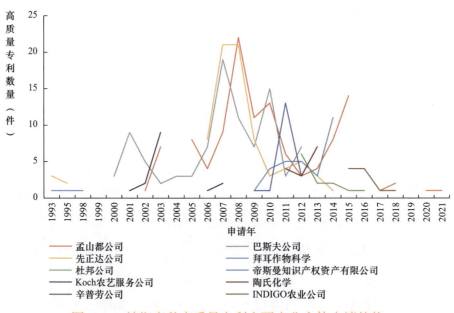

图 3.27　辣椒育种高质量专利主要产业主体申请趋势

3.6.4　高质量专利主要技术分布

分析高质量专利的技术和应用分布（见图 3.28），可以掌握目前本领域内的高质量专利布局侧重点，寻找高质量专利涉及较少的技术或应用领域进行突破。从图 3.28 中可以看出，在技术领域，全球辣椒育种领域高质量专利目前主要涉及分子标记辅助选择，专利数量为 145 件，远高于其他两种技术。在应用领域，育种、栽培、抗病是高质量专利相对集中的分支。

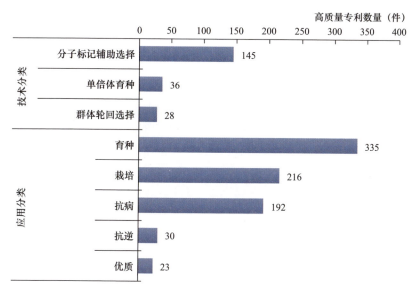

图 3.28　全球辣椒育种高质量专利的技术和应用分布

第 4 章

全球辣椒育种论文态势分析

本章以辣椒育种为研究对象，分析相关论文产出趋势、来源国家和机构分布、高质量论文来源并挖掘领域研究热点，以帮助相关科研人员和管理人员了解该技术的全球发展现状，掌握研究热点和方向，研判发展趋势。

本章采用科睿唯安 Science Citation Index Expanded（SCI-EXPANDED）和 Conference Proceedings Citation Index- Science（CPCI-S）数据库作为检索数据源，对全球的辣椒育种相关论文进行检索，采用 Derwent Data Analyzer、VOSviewer 等工具对数据进行清洗和分析。

截至 2022 年 1 月 20 日，在上述数据库中共检索到辣椒育种相关论文 9985 篇。考虑到数据库收录与论文发表的时间差，2021 年和 2022 年的论文数量尚不完整，不能完全代表该年度的发文趋势。

▶ 4.1 论文产出趋势

全球及中国辣椒育种年度发文趋势如图 4.1 所示。从图 4.1 中可以看出，无论是在全球或是在中国，辣椒育种领域的发文量均呈现整体上扬的态势，可阶段性分为萌芽期（1910—1990 年）和成长期（1995 年至今）。全球第一篇相关发文是 1910 年由美国 Bur Chem 发表的 *Capsaicin, the pungent principle of capsicum, and the detection of capsicum*，中国第一篇相关发文是 1995 年由北京蔬菜研究中心

发表的 *Application of anther culture and isolated microspore culture to vegetable crop improvement*，属于辣椒细胞工程育种领域。1995 年全球辣椒育种领域发文量首次突破 100 篇，2021 年全球发表相关论文 750 篇，中国发表相关论文 162 篇，约占全球发文量的 21.6%。

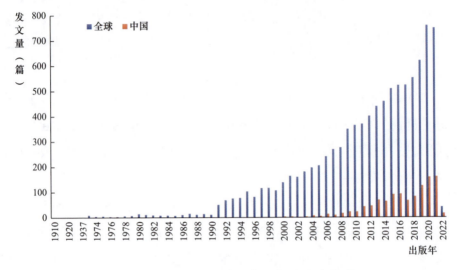

图 4.1　全球及中国辣椒育种年度发文趋势

▶ 4.2　主要来源国家 / 地区分析

图 4.2 为全球辣椒育种发文主要来源国家 / 地区分布。从图 4.2 中可以看出，美国（1782 篇）在发文数量上拥有绝对优势，其次为中国（1148 篇）和韩国（945 篇），都是该技术研究较为集中的国家。印度、巴西和西班牙的发文量排名也在前 5 位。

图 4.3 为全球辣椒育种排名前 5 位的国家发文趋势。从图 4.3 中可以看出，中国自 2015 年起在本领域的发展极为迅速，发文量远高于其他国家，2021 年达到单年发文量的峰值（162 篇），而其他 4 个国家的发文量均在 100 篇以下，尤其是美国，虽然总发文量排在第 1 位，但除 2020 年（发文量 106 篇）外，其他年度发文量均在 100 篇以下。

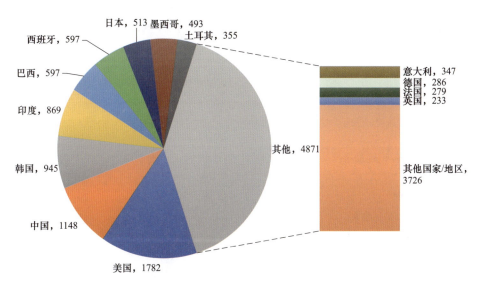

图 4.2　全球辣椒育种发文主要来源国家 / 地区分布（单位：篇）

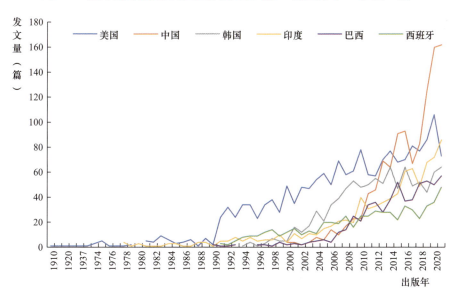

图 4.3　全球辣椒育种排名前 5 位的国家发文趋势

　　表 4.1 为全球辣椒育种各技术领域发文量排名前 3 位的国家。从表 4.1 中可以看出，中国在分子标记辅助选择领域的研究处于领先位置，美国在分子标记辅助选择、群体轮回选择和单倍体育种领域的研究处于领先位置，法国在单倍体育种领域，韩国在分子标记

辅助选择领域，印度和巴西在群体轮回选择领域的研究也位居国际前列。

表 4.1 全球辣椒育种各技术领域发文量排名前 3 位的国家

技 术 分 类	国　　家	发文量（篇）
分子标记辅助选择	美国	219
	韩国	174
	中国	170
单倍体育种	法国	29
	西班牙	16
	美国	14
群体轮回选择	美国	16
	印度	13
	巴西	10

▶ 4.3 主要发文机构分析

全球辣椒育种发文排名前 20 位的机构如图 4.4 所示。可以看出，排名前 20 位的机构国家分布较广，分别来自韩国、美国、法国、以色列、西班牙、中国、印度、墨西哥和日本。排名前 3 位的机构分别是韩国国立首尔大学（285 篇）、美国农业部农业研究院（183 篇）和美国佛罗里达大学（178 篇）。法国国家农业科学研究院发文量 144 篇，排在第 4 位；以色列国家农业研究组织发文量 119 篇，排在第 7 位；西班牙高等科研理事会发文量 102 篇，排在第 9 位；中国西北农林科技大学发文量 100 篇，排在第 10 位。

排名前 20 位的机构总发文量为 2074 篇，占全部发文量的 20.77%，排名前 20 位的机构以外其他机构总发文量为 8671 篇，占全部发文量的 86.84%。说明辣椒育种领域的技术没有掌握在少数机构手里，同时，排名前 20 位的机构与其他机构之间存在较多的合作发文情况。

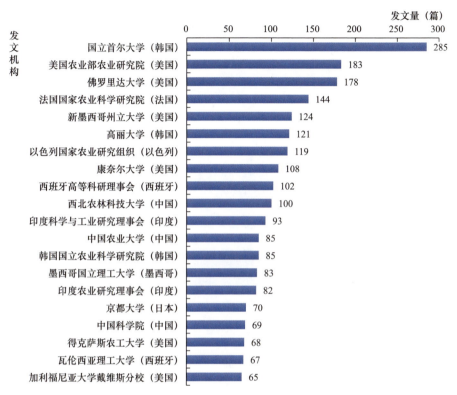

图 4.4　全球辣椒育种发文排名前 20 位的机构

全球辣椒育种发文排名前 10 位的机构发文趋势如图 4.5 所示。可以看出，排名前 10 位的机构中韩国机构 2 个，美国机构 4 个，法国、西班牙、以色列和中国机构各 1 个。其中，韩国国立首尔大学的发文量最多，且自 2000 年开始发文量连续，一直保持在较高的状态；美国农业部农业研究院、美国佛罗里达大学和美国新墨西哥州立大学近年来的发文量呈现稳中上涨的态势，说明美国机构在辣椒育种领域的研究热度越来越高，且技术越来越成熟。中国西北农林科技大学 2013 年在该领域发文量呈现爆发式增长，2013 年至今一直保持较多的发文量，且最近几年的相关成果产出有超过国外机构的趋势。但排名前 10 位的研究机构中，中国机构只有西北农林科技大学一所高校上榜，说明中国在辣椒育种领域的研究还有较大的进步空间。

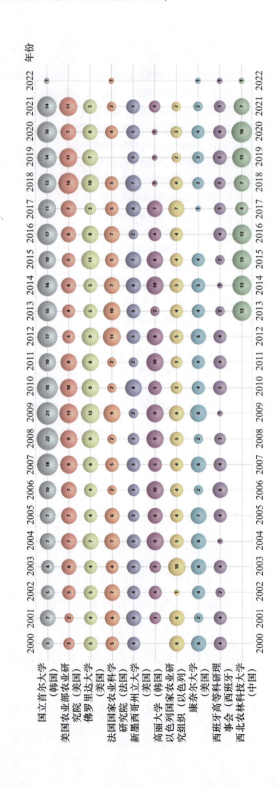

图 4.5 全球辣椒育种发文排名前 10 位的机构发文趋势（单位：篇）

辣椒育种各技术领域发文量排名前 3 位的机构如表 4.2 所示。
从表 4.2 中可以看出，韩国国立首尔大学在辣椒分子标记辅助选择
领域发文量排在第 1 位，证明了其在该研究领域绝对的领先地位，
法国国家农业科学研究院在辣椒单倍体育种领域发文量排在第 1 位，
在辣椒分子标记辅助选择和辣椒群体轮回选择领域发文量均排在
第 2 位，证明法国国家农业科学研究院在辣椒育种的各个技术领域
研究实力均较强，研究技术涉及范围较广。

表 4.2　辣椒育种各技术领域发文量排名前 3 位的机构

技 术 分 类	机　　构	发文量（篇）
分子标记辅助选择	国立首尔大学（韩国）	107
	法国国家农业科学研究院（法国）	73
	康奈尔大学（美国）	38
单倍体育种	法国国家农业科学研究院（法国）	27
	西班牙高等科研理事会（西班牙）	9
	新墨西哥州立大学（美国）	6
	安卡拉大学（土耳其）	6
	瓦伦西亚理工大学（西班牙）	6
	科尔多瓦国立大学（阿根廷）	6
群体轮回选择	美国农业部农业研究院（美国）	7
	法国国家农业科学研究院（法国）	4
	新墨西哥州立大学（美国）	4
	北弗鲁米嫩塞州立大学（巴西）	4

辣椒育种领域全部作者机构和第一作者机构排名如表 4.3 所示。
由表 4.3 可以看出，按照第一作者统计机构排名与全部作者机构排
名顺序发生了一定的变化。韩国国立首尔大学仍排第 1 位，美国佛
罗里达大学的第一作者发文量排在第 2 位，韩国高丽大学的第一作
者发文量排在第 3 位，而总发文量排在第 2 位的美国农业部农业研
究院，其第一作者发文量排在第 7 位。第一作者机构排名前 10 位

的机构中无中国的科研机构，说明辣椒相关科研大多由国外的科研人员牵头和主导进行，我国在本领域的自主创新能力较弱。

表 4.3　辣椒育种领域全部作者机构和第一作者机构排名

排名	全部作者机构	发文量（篇）	第一作者机构	发文量（篇）
1	国立首尔大学（韩国）	285	国立首尔大学（韩国）	194
2	美国农业部农业研究院（美国）	183	佛罗里达大学（美国）	125
3	佛罗里达大学（美国）	178	高丽大学（韩国）	95
4	法国国家农业科学研究院（法国）	144	新墨西哥州立大学（美国）	94
5	新墨西哥州立大学（美国）	124	法国国家农业科学研究院（法国）	94
6	高丽大学（韩国）	121	西北农林科技大学（中国）	94
7	以色列国家农业研究组织（以色列）	119	以色列国家农业研究组织（以色列）	87
8	康奈尔大学（美国）	108	美国农业部农业研究院（美国）	87
9	西班牙高等科研理事会（西班牙）	102	西班牙高等科研理事会（西班牙）	72
10	西北农林科技大学（中国）	100	印度科学与工业研究理事会（印度）	69

▶ 4.4　技术功效分析

图 4.6 为全球辣椒育种发文的技术与应用分布。从图 4.6 中可以看出，辣椒育种中，采用最多的技术包括分子标记辅助选择（1115 篇）、单倍体育种（175 篇）和群体轮回选择（86 篇）。在应用研究方面，优质辣椒研究相关发文量最多，共 4080 篇，其次为辣椒栽培（2837 篇）和辣椒育种（2528 篇），而与辣椒抗逆相关的研究目前最少。

全球辣椒育种各技术分类发文趋势如图 4.7 所示。从图 4.7 中可以看出，除分子标记辅助选择相关发文量一直较多外，另外两个技术分类的发文量均较少。分子标记辅助选择在 2007 年后发文数量增长明显，说明近年来辣椒育种领域较多关注于分子标记辅助选择，研究热度持续增加。

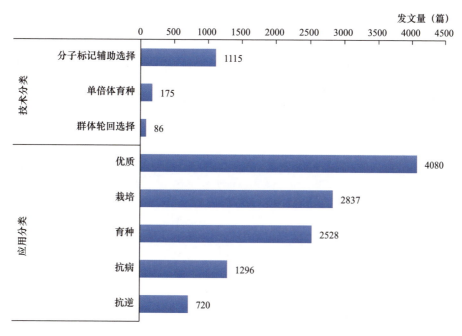

图 4.6　全球辣椒育种发文的技术与应用分布

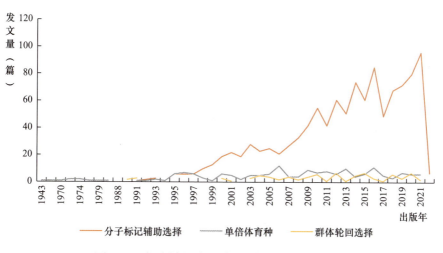

图 4.7　全球辣椒育种各技术分类发文趋势

全球辣椒育种各应用分类发文趋势如图 4.8 所示。从图 4.8 中可以看出，各类辣椒育种的研究成果都在逐年增多，尤其是优质辣椒品种、辣椒栽培和辣椒育种研究相关发文量增幅明显。2006—2021 年，优质辣椒品种研究的单年发文量都保持在 100 篇以上，为辣椒分子领域研究最多和热度最高的应用分类。2010—2021 年，辣椒栽培和辣椒育种相关研究的单年发文量都保持在 100 篇以上，是辣椒育种领域研究较广泛和热度较高的应用领域。

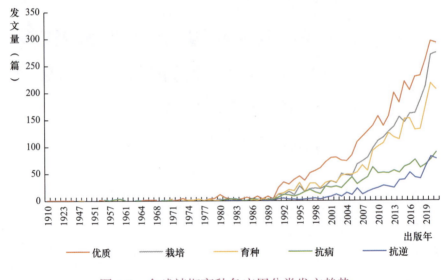

图 4.8　全球辣椒育种各应用分类发文趋势

图 4.9 为全球辣椒育种发文的技术功效矩阵。从图 4.9 中可以看出，该领域当前的最热技术为分子标记辅助选择，功能效果最多体现在提高辣椒的育种研究水平。在辣椒育种研究方面，分子标记辅助选择技术发文量最多，是现阶段需要重点关注的研究点。此外，分子标记辅助选择技术在辣椒育种、提高品质、抗病和栽培研究方面的发文也较多。单倍体育种技术主要应用在辣椒育种和抗病性研究方面。群体轮回选择技术则主要应用在辣椒育种和栽培领域。

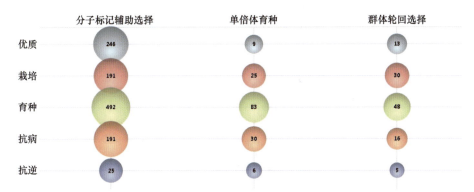

图 4.9　全球辣椒育种发文的技术功效矩阵（单位：篇）

▶ 4.5　高质量论文分析

　　本次分析的高质量论文包括高被引论文和热点论文；将超过全球辣椒育种论文被引次数基线的论文定义为高被引论文；将在该领域最近两年发表的论文被引用次数超过被引基线的论文定义为热点论文。

　　本次检索到全球辣椒育种领域共发表论文 9985 篇，在 Web of Science™核心合集中共被引用 214189 次，平均被引次数为 214189÷9985 ≈ 21.45，故定义被引频次大于或等于 22 的论文为高被引论文，共 2585 篇；该领域 2020—2021 年共发表论文 1568 篇，在 Web of Science™核心合集中共被引用 4165 次，平均被引次数为 4165÷1568 ≈ 2.66，故定义 2020—2021 年发表的被引频次大于或等于 3 的论文为热点论文，共 482 篇。

4.5.1　高质量论文来源国家 / 地区分布

　　本节分别统计了辣椒育种领域高被引论文和热点论文的来源国家 / 地区分布，全球辣椒育种高被引论文来源国家 / 地区如图 4.10 所示。从图 4.10 中可以看出，该领域高被引论文主要来自美国、韩国、中国和西班牙等国家 / 地区，论文质量较高，位于全球较领先的位置。美国、韩国、中国和西班牙的高被引论文总量为 1326 篇，超过全部高被引论文数量的 50%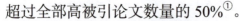①。

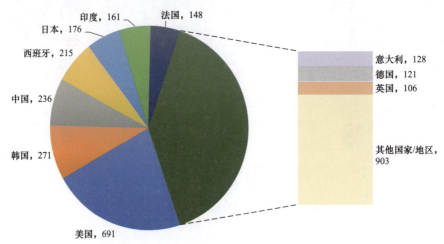

图 4.10　全球辣椒育种高被引论文来源国家 / 地区（单位：篇）

全球辣椒育种热点论文来源国家 / 地区如图 4.11 所示。从图 4.11 中可以看出，该领域热点论文绝大部分来自中国，此外，美国、印度、韩国和西班牙的热点论文也较多，说明这些国家近几年的研究位于全球较领先的位置。中国的热点论文数量约占全部热点论文数量的 26.76%。

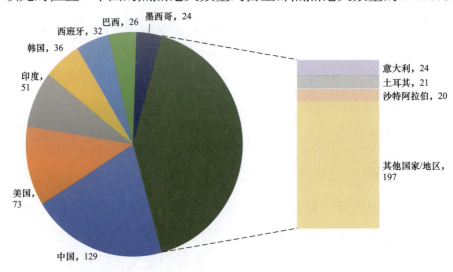

图 4.11　全球辣椒育种热点论文来源国家 / 地区（单位：篇）

---

① 由于各国家 / 地区间存在论文合作现象，因此全部高被引论文数量为剔除合作重复论文后的数量，后续章节的图也有类似情况，特此说明。

4.5.2　高质量论文机构分布

表 4.4 列出了全球辣椒育种高质量论文机构分布。从表 4.4 中可以看出，韩国国立首尔大学、法国国家农业科学研究院和美国佛罗里达大学的高被引论文数量较多；中国西北农林科技大学、土耳其哈莱大学和中国科学院的热点论文数量较多。高被引论文排名前 10 位的发文机构中，共 4 个美国机构、2 个韩国机构、1 个日本机构、1 个法国机构、1 个西班牙机构和 1 个以色列机构。热点论文排名前 10 位的发文机构中，共 5 个中国机构、1 个土耳其机构、1 个韩国机构、1 个西班牙机构、1 个沙特阿拉伯机构和 1 个印度机构。

表 4.4　全球辣椒育种高质量论文机构分布

序号	高被引论文 发文机构	高被引论文量（篇）	热点论文 发文机构	热点论文量（篇）
1	国立首尔大学（韩国）	99	西北农林科技大学（中国）	12
2	法国国家农业科学研究院（法国）	94	哈莱大学（土耳其）	11
3	佛罗里达大学（美国）	69	中国科学院（中国）	11
4	高丽大学（韩国）	63	国立首尔大学（韩国）	10
5	康奈尔大学（美国）	57	沙特国王大学 （沙特阿拉伯）	9
6	以色列国家农业研究组织 （以色列）	55	华南农业大学（中国）	9
7	美国农业部农业研究院（美国）	53	中国农业大学（中国）	9
8	西班牙高等科研理事会（西班牙）	50	瓦伦西亚理工大学 （西班牙）	9
9	新墨西哥州立大学（美国）	46	西南大学（中国）	7
10	京都大学（日本）	45	印度农业研究理事会 （印度）	7

4.5.3　高质量论文研究热点分析

本次分析基于 2000—2021 年全球辣椒育种领域的 2606 篇高质量论文，提取全部关键词（作者关键词和 Web of Science ™数据库提取的关键词），利用 VOSviewer 软件对该领域的主题热点进行挖掘，遴选出现频次大于 50 的关键词，通过主题聚类计算关键词的共现关系，生成全球辣椒育种高质量论文研究热点聚类，如图 4.12 所示。目前，辣椒育种领域的研究主要集中在 4 个主题，其中 3 个主题的研究热度较高。

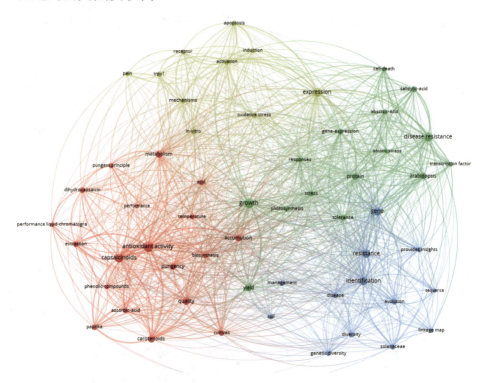

图 4.12　全球辣椒育种高质量论文研究热点聚类

第一个主题聚焦抗氧化活性研究，包括辣椒素、类胡萝卜素、辛辣物质等的代谢、合成、提取、分离和纯化等，主要应用领域包括优质品种选育、栽培和育种（图 4.12 中红色聚类）

等，该主题的研究热词包括 antioxidant activity、capsaicinoids、quality、carotenoids、metabolism、accumution、pungency、cultivas、extraction、dihydrocapsaicin 等。

第二个主题聚焦辣椒高产、优质、抗病和抗逆品种的分子水平和基因水平的选育等，主要应用领域包括辣椒育种、抗病性和优质品种选育（图 4.12 中绿色聚类），相关热词包括 growth、disease resistance、yield、protein、arabidopsis、salicylic-acid、stress、gene-expression、tolerance、responses、photosynthesis、transcription factor 和 abiotic stress 等。

第三个主题聚焦辣椒基因的识别、表达、鉴定，基因图谱构建等，主要应用领域为基因水平的辣椒育种（图 4.12 中蓝色聚类），相关热词包括 identification、resistance、gene、evolution、solanaceae、diversity、management、provides insights、disease、genetic diversity、linkage map 等。

第四个主题聚焦辣椒栽培、选育、培养及配套技术等，主要应用领域为辣椒植株栽培（图 4.12 中黄色聚类），相关热词包括 activation、apoptosis、expression、in-vitro、induction、mechanisms、oxidative stress、receptor 和 trpv1 等。

第 5 章
全球甘蓝育种专利态势分析

▶ ## 5.1 专利申请趋势

截至 2022 年 1 月 6 日，检索并筛选得到甘蓝育种领域全球专利 2216 项。图 5.1 为全球甘蓝育种专利年份趋势。从图 5.1 中可以看出，最早一项专利于 1981 年申请，1981—1997 年专利数量较少且增长较慢，1998—2005 年专利数量呈现波动上升的态势，自 2006 年起专利数量大幅增长，之后虽伴有阶段性回落，但总体呈现上扬态势，于 2018 年达到专利申请数量的顶峰。考虑到专利从申请到公开的时滞（最长达 30 个月，其中包括 12 个月优先权期限和 18 个月公开期限），2019—2021 年的专利数量与实际不一致，因此不能完全代表这 3 年的申请趋势。

全球甘蓝育种相关的最早 1 项专利出现于 1981 年，是由美国的专利权人申请的 US4425150A *Infectivity cured HR plasmid bearing microorganism which is an Agrobacterium rhizogenes A4, and an inoculum comprising Rhizobium and the Agrobacterium microorganisms*，该专利内容主要涉及增强甘蓝种子发芽、根系生长和发育的农杆菌的研究。

图 5.2 为全球甘蓝育种专利技术生命周期，该图以两年作为一个节点绘制，每个节点的专利权人数量为横坐标，专利数量为纵坐标，通过专利权人数量和专利数量的逐年变化关系，揭示全球甘蓝

育种专利技术所处的发展阶段。需要特别说明的是，图 5.2 中的专利权人数量为排除个人专利权人后的机构数量。通常意义上，技术生命周期可划分为 5 个阶段：①萌芽期，社会对该技术了解不多，投入意愿低，机构进行技术投入的热情不高，专利数量和专利权人数量都不多；②成长期，产业技术有了突破性的进展，或是各个专利权人根据市场估值的判断，投入大量精力进行研发，该阶段专利数量和专利权人数量均急剧上升；③成熟期，此时除少数专利权人外，大多数专利权人已经不再投入研发力量，也没有新的专利权人愿意进入该市场，此时的专利数量及专利权人数量增加的趋势均逐渐缓慢；④衰退期，产业技术研发或因为遇到技术瓶颈难以突破，或因为产业发展已经过于成熟而趋于停滞，专利数量及专利权人数量均逐渐减少；⑤恢复期，随着技术的革新与发展，原有的技术瓶颈得到突破，之后带来新一轮专利数量的增加。

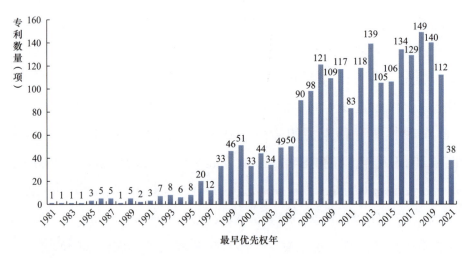

图 5.1 全球甘蓝育种专利年份趋势

从图 5.2 中可以看出，全球甘蓝育种技术从 1981 年开始有专利申请，经历了十几年的萌芽期（1981—1996 年），随后进入初步成长期（1997—2000 年），2001—2004 年全球甘蓝育种技术遇到了一个小的技术瓶颈，之后处于一个迅速成长期（2005—2008 年），2009—2012 年专利申请量稍有回落，之后持续稳定增长（2013 年至今），由于 2019—2021 年的专利数量数据不完整，所以其曲线上的回落不代表技术衰退。

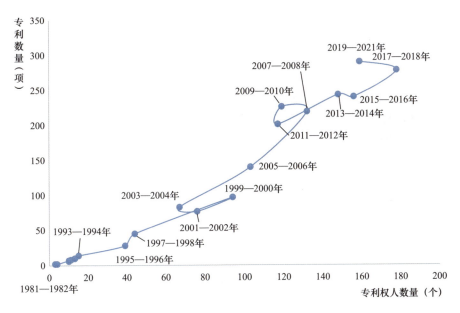

图 5.2　全球甘蓝育种专利技术生命周期

5.2　专利地域分析

5.2.1　专利来源国家 / 地区分析

图 5.3 为全球甘蓝育种专利主要来源国家 / 地区分布，最早优先权国家 / 地区在一定程度上反映了技术的来源地。从图 5.3 中可以看出，专利数量排名前 5 位的国家 / 地区依次是：中国、美国、韩国、欧洲、日本。其中，中国为甘蓝育种专利技术的主要来源国

家，专利数量为 798 项，占全部专利的 36.01%。美国专利数量为 672 项，占全部专利数量的 30.32%。韩国专利数量为 308 项，占全部专利数量的 13.90%。其他国家专利数量占比相对较低。

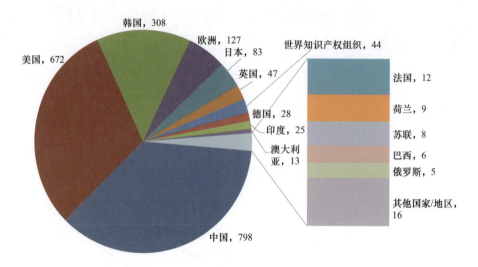

图 5.3　全球甘蓝育种专利主要来源国家 / 地区分布（单位：项）

　　表 5.1 显示了全球甘蓝育种主要专利来源国家 / 地区活跃机构、活跃度及技术分布。从表 5.1 中可以看出，专利数量排名前 5 位的国家 / 地区在该领域布局最多的技术均为转基因技术。中国、韩国和欧洲在该领域的研发活动起步晚于美国和日本，但中国 2019—2021 年的活跃度很高，全部的 798 项专利中，有 27.32% 的专利均是这段时间申请的，主要的专利申请机构包括中国农业科学院蔬菜花卉研究所、北京市农林科学院、西北农林科技大学，主要涉及的技术包括转基因技术和杂种优势利用。美国是甘蓝育种领域专利数量排名前 5 位的国家 / 地区中最早申请专利的国家，其中杜邦 - 先锋良种公司的专利数量为 82 项，占美国全部专利数量的 12.20%，可见该公司的技术实力较为雄厚。美国相关专利涉及的技术主要包括转基因技术和基因编辑。

表 5.1　全球甘蓝育种主要专利来源国家／地区活跃机构、活跃度及技术分布

国家／地区	专利数量（项）	活跃机构	年份跨度（年）	2019—2021 年专利数量占比	主要技术分布（项）
中国	798	中国农业科学院蔬菜花卉研究所 [60]；北京市农林科学院 [40]；西北农林科技大学 [34]	1986—2021	27.32%	转基因技术 [194]；杂种优势利用 [107]
美国	672	杜邦－先锋良种公司 [82]；孟山都公司 [72]；拜耳作物科学 [64]	1981—2020	4.91%	转基因技术 [518]；基因编辑 [25]
韩国	308	韩国农村发展管理局 [76]；忠南大学 [16]；庆熙大学 [16]	1996—2021	6.82%	转基因技术 [173]；杂种优势利用 [20]
欧洲	127	拜耳作物科学 [66]；巴斯夫公司 [31]；先正达公司 [7]	1993—2020	10.23%	转基因技术 [107]；杂种优势利用 [7]
日本	83	DOKURITSU GYOSEI HOJIN NOGYO SEIBUTSU[7]；住友化学工业株式会社 [7]	1982—2019	9.64%	转基因技术 [31]

5.2.2 专利受理国家/地区分析

对一般企业和研究机构而言，首先会选择在本国申请专利，一些竞争力和技术保护意识强的企业为了保持自己在市场上的主导地位，构建目标区域专利壁垒或有意愿全面开拓目标市场并增强知识产权防御能力，就会考虑在国外开展专利布局。因此，一个国家/地区的专利受理情况，在某种程度上反映了技术的流向，也反映出其他国家对该国市场的重视程度。

将甘蓝育种领域全球 2216 项专利家族展开后得到 7527 件同族专利。图 5.4 显示了全球甘蓝育种领域 7527 件同族专利的受理国家/地区情况。其中，在中国受理的专利有 1243 件，约占全球甘蓝育种专利总量的 16.51%，是全球最受重视的技术市场；在美国受理的专利有 1191 件，约占全球甘蓝育种专利总量的 15.82%。

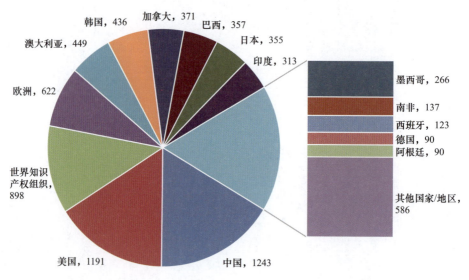

图 5.4　全球甘蓝育种专利受理国家/地区分析（单位：件）

5.2.3 专利技术流向

借助技术起源地（专利最早优先权国家/地区）与技术扩散地

（专利受理国家／地区）之间的关系，可以探讨全球甘蓝育种专利数量排名前 4 位的国家／地区间的技术流向特点。全球甘蓝育种专利数量排名前 4 位的国家／地区技术流向如图 5.5 所示。从图 5.5 中可以看出，经美国、韩国和欧洲专利局输出的专利比例都较高，共有 7% ～ 15% 的专利流向其他 3 个国家／地区，唯独经中国输出的专利最少，仅在美国、韩国和欧洲专利局申请了全部专利数量的 2% 左右。欧洲专利局虽然专利总量排在第 4 位，但尤其重视在美国、中国和韩国的专利布局，因此在这 3 个国家申请的专利数量占比很高。

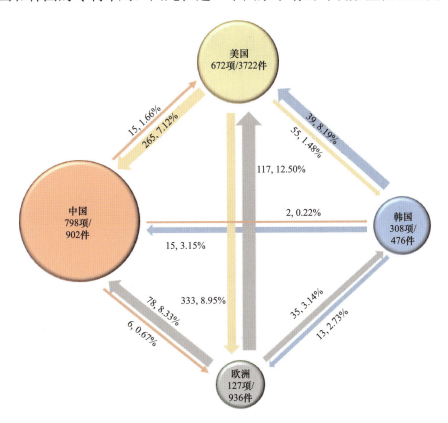

图 5.5　全球甘蓝育种专利排名前 4 位的国家／地区技术流向

值得注意的是，图 5.5 中显示了专利家族展开同族前后的专利项数和件数，中国专利共 798 项 /902 件，美国专利共 672 项 /3722 件，可以看出，平均每一项美国专利家族拥有的同族专利数量均为中国专利家族的 5 倍左右，说明美国专利在技术分布、地域布局等方面比中国专利考虑得更加全面和细致。

5.2.4 主要国家／地区专利质量对比

图 5.6 为全球甘蓝育种专利排名前 5 位的国家／地区专利质量对比。图 5.6 中专利强度区间所列的分值为 Innography 数据库中获取到的专利强度区间信息。从 Innography 数据库获取到有专利强度值的美国专利 3125 件，欧洲专利 785 件，中国专利 890 件，韩国专利 150 件，日本专利 192 件。其中，美国 60 分及以上专利共 310 件，占其全部专利（3722 件）的 8.33%，中国 60 分及以上的专利仅 3 件，欧洲 51 件，日本 4 件，韩国没有 60 分及以上的专利。由此可见，美国高分专利占比最高，专利质量也最高。

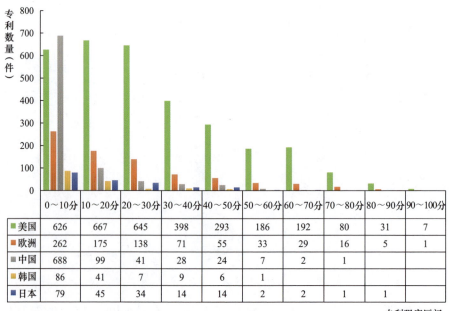

	0～10分	10～20分	20～30分	30～40分	40～50分	50～60分	60～70分	70～80分	80～90分	90～100分
美国	626	667	645	398	293	186	192	80	31	7
欧洲	262	175	138	71	55	33	29	16	5	1
中国	688	99	41	28	24	7	2	1		
韩国	86	41	7	9	6	1				
日本	79	45	34	14	14	2	2	1	1	

专利强度区间

图 5.6 全球甘蓝育种专利排名前 5 位的国家／地区专利质量对比

5.3 专利技术应用分析

5.3.1 专利技术分布

图 5.7 为全球甘蓝育种专利技术分布。从图 5.7 中可以看出，转基因技术相关专利数量远多于其他技术，超过排在第 2 位的杂种优势利用 7 倍多，共 1166 项，是目前研究最为热门和成熟的技术；专利数量排在第 2 位的技术分类为杂种优势利用，相关专利 165 项；排在第 3 位和第 4 位的技术分类分别为杂交育种和基因编辑，相关专利分别有 78 项和 74 项。远缘杂交育种相关的专利数量目前最少，共 27 项。

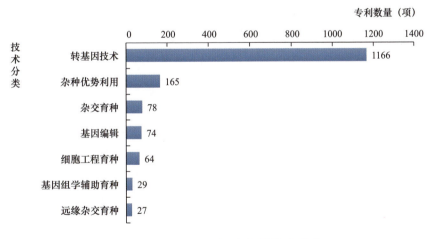

图 5.7　全球甘蓝育种专利技术分布

表 5.2 展示了全球甘蓝育种专利技术详细分析。从表 5.2 中可以看出，转基因技术、杂种优势利用和杂交育种相关专利研究发展较早，均始于 20 世纪 80 年代，基因编辑、基因组学辅助育种和远缘杂交育种起步相对较晚。结合各技术分类专利数量和 2019—

2021 年专利数量占比，可推测基因编辑、远缘杂交育种和细胞工程育种是近些年新兴发展的技术领域，值得重点关注。

表 5.2　全球甘蓝育种专利技术详细分析

排名	技术分类	专利数量（项）	年份跨度（年）	2019—2021 年专利数量占比	主要专利权人专利数量（项）	主要国家/地区专利数量（项）
1	转基因技术	1166	1981—2021	8.92%	拜耳作物科学 [146]；杜邦－先锋良种公司 [83]；巴斯夫公司 [72]	美国 [518]；中国 [194]；韩国 [173]
2	杂种优势利用	165	1983—2021	13.33%	华中农业大学 [12]；西北农林科技大学 [11]	中国 [107]；韩国 [20]；美国 [9]
3	杂交育种	78	1986—2020	11.54%	浙江大学 [4]；中国农业科学院蔬菜花卉研究所 [3]；华中农业大学 [3]	中国 [56]；美国 [7]；韩国 [6]
4	基因编辑	74	2006—2021	41.89%	中国农业科学院蔬菜花卉研究所 [6]；中国农业大学 [5]	中国 [32]；美国 [25]；韩国 [8]
5	细胞工程育种	64	1998—2020	21.88%	沈阳农业大学 [7]；西北农林科技大学 [6]；华中农业大学 [4]	中国 [52]；美国 [7]；日本 [2]
6	基因组学辅助育种	29	2020—2021	13.79%	韩国生物科学与生物技术研究所 [6]；忠南大学 [4]	韩国 [15]；美国 [6]；中国 [5]
7	远缘杂交育种	27	2002—2021	22.22%	中国农业科学院蔬菜花卉研究所 [4]；华中农业大学 [3]；江苏省农业科学院 [3]；西北农林科技大学 [3]	中国 [24]；法国 [2]；韩国 [1]

从各技术分类的主要专利权人可以看出，拜耳作物科学、杜邦－先锋良种公司、巴斯夫公司是甘蓝育种领域转基因技术的主要专利权人，专利数量较多，整体专利申请实力强。中国农业科学院蔬菜花卉研究所在杂交育种、基因编辑、远缘杂交育种技术分类的专利数量较多。从主要国家/地区专利数量可以看出，美国是转基因技术相关专利的主要来源国家，中国在杂种优势利用、杂交育种、基因编辑、细胞工程育种和远缘杂交育种技术分类的相关专利数量排在第1位，韩国则在基因组学辅助育种技术分类上有着较多的专利布局。

分析各技术分类的年度专利数量，可以看出全球甘蓝育种领域各类技术的发展趋势和走向。图 5.8 列出了 1981—2021 年全球甘蓝育种各技术分类年度专利数量。从图 5.8 中可以看出，转基因技术起源最早，其次为杂种优势利用和杂交育种，细胞工程育种和基因组学辅助育种起步较晚，第一项相关专利分别于 1998 年和 2000 年申请。基因编辑和远缘杂交育种两种技术的第一项专利均在 2000 年后才出现。转基因技术自 1993 年至今持续有大量相关专利申请，可见此领域为目前的研究重点并且应用范围广阔。

5.3.2　专利技术主题聚类

图 5.9 展示了全球甘蓝育种专利技术主题聚类。该主题聚类图是基于全球甘蓝育种技术的相关专利题名、摘要在 DI 数据库中利用 ThemeScape 专利地图功能进行的技术聚类。该主题聚类会将相似的主题记录进行分组，根据主题文献密度大小形成体积不等的山峰，山峰高度代表文献记录的密度，山峰之间的距离代表区域中文献记录的关系，距离越近则内容越相似。

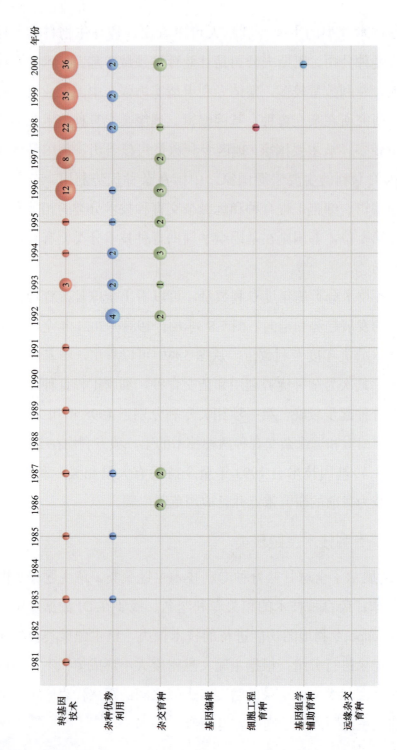

图 5.8 1981—2021 年全球甘蓝育种各技术分类年度专利数量（单位：项）

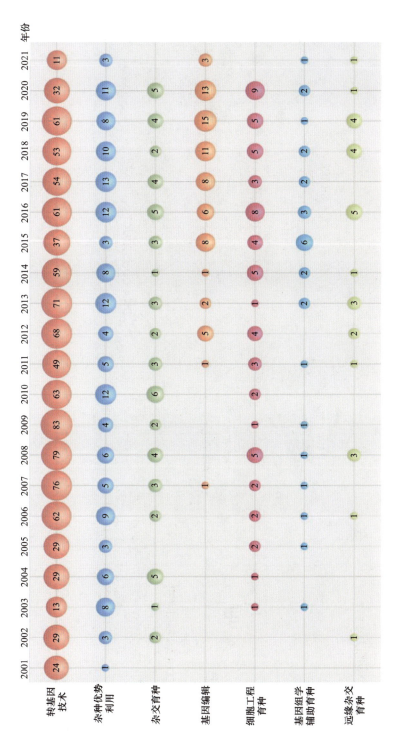

图 5.8　1981—2021 年全球甘蓝育种各技术分类年度专利数量（单位：项）（续）

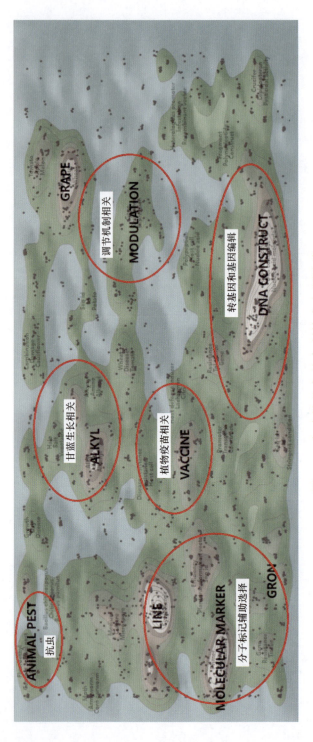

图 5.9　全球甘蓝育种专利技术主题聚类

通过对全球甘蓝育种技术专利的文本挖掘和聚类，发现转基因和基因编辑、分子标记辅助选择、抗虫、植物疫苗相关、甘蓝生长相关、调节机制相关都是全球甘蓝育种技术领域主要的聚焦点。

5.3.3 专利应用分布

图 5.10 为全球甘蓝育种专利应用领域分布。从图 5.10 中可以看出，抗病性领域相关专利数量最多，共 462 项，是目前甘蓝育种专利应用最广泛的领域；专利数量排在第 2 位的应用分类为抗虫性，相关专利数量 387 项；排在第 3 位和第 4 位的应用分类分别为高产和耐非生物逆境；生态育种专利数量最少，仅 11 项，该应用作为目前专利申请较少的领域，可重点关注。

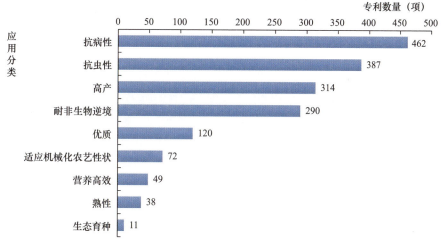

图 5.10 全球甘蓝育种专利应用领域分布

表 5.3 展示了全球甘蓝育种专利应用分类的详细分析。从表 5.3 中可以看出，除优质、熟性、生态育种和营养高效外，其他各应用领域的相关专利研究都较早，均始于 20 世纪 80 年代，2019—2021 年专利数量占比较高的领域包括适应机械化农艺性状和熟性。

表 5.3　全球甘蓝育种专利应用详细分析

排名	应用分类	专利数量（项）	年份跨度（年）	2019—2021年专利数量占比	主要专利权人专利数量（项）	主要国家/地区专利数量（项）
1	抗病性	462	1985—2021	14.50%	韩国农村发展管理局 [23]；孟山都公司 [16]；先正达公司 [15]	中国 [181]；美国 [143]；韩国 [63]
2	抗虫性	387	1982—2021	5.68%	杜邦-先锋良种公司 [66]；拜耳作物科学 [50]；孟山都公司 [34]	美国 [246]；中国 [55]；韩国 [20]
3	高产	314	1984—2021	10.83%	拜耳作物科学 [41]；巴斯夫公司 [28]；孟山都公司 [24]	美国 [158]；中国 [91]；韩国 [35]
4	耐非生物逆境	290	1989—2021	10.34%	先正达公司 [17]；孟山都公司 [12]；韩国农村发展管理局 [12]	美国 [115]；中国 [71]；韩国 [63]
5	优质	120	1992—2021	15.83%	巴斯夫公司 [11]；西北农林科技大学 [9]；拜耳作物科学 [7]	中国 [58]；美国 [36]；韩国 [12]
6	适应机械化农艺性状	72	1989—2021	30.99%	孟德尔生物技术公司 [6]；中国农业科学院蔬菜花卉研究所 [3]；西北农林科技大学 [3]	中国 [41]；美国 [18]
7	营养高效	49	1998—2020	12.24%	孟山都公司 [8]；杜邦-先锋良种公司 [8]；巴斯夫公司 [5]	美国 [45]；中国 [4]
8	熟性	38	1995—2021	23.68%	孟山都公司 [8]	美国 [17]；中国 [15]
9	生态育种	11	1997—2018	0%	山东大学 [2]	美国 [4]；中国 [3]

　　从各应用分类的主要专利权人可以看出，韩国农村发展管理局、孟山都公司和先正达公司是抗病性应用分类的主要专利权人；杜邦－先锋良种公司、拜耳作物科学和孟山都公司是抗虫性应用分类的主要专利权人；拜耳作物科学、巴斯夫公司和孟山都公司是高产应用分类的主要专利权人；熟性和生态育种应用分类由于专利总量较少，所涉及的专利权人也相对较少。从主要国家/地区专利数量可以看出，中国是抗病性、优质、适应机械化农艺性状相关专利的主要来源国家；美国是抗虫性、高产、耐非生物逆境、营养高效、熟性、生态育种相关专利的主要来源国家。

　　图 5.11 列出了全球甘蓝育种各应用分类年度专利数量。分析各应用分类的年度专利数量，可以看出全球甘蓝育种领域各类应用的发展趋势和走向。从图 5.11 中可以看出，抗虫性应用分类的相关专利申请最早，1982 年就有专利布局；高产和抗病性应用分类的相关专利布局也相对较早，且自 1992 年后，这 3 个应用分类的专利申请数量一直较为稳定，说明甘蓝抗虫性、高产和抗病性的相关研发较为成熟。其他应用分类中，熟性、生态育种和营养高效的相关专利申请时间起步较晚，1998 年后才有专利出现，熟性和营养高效在 2005 年后才有较连续的研究，而生态育种的相关专利数量一直较少且不连续，是甘蓝育种亟待突破的研究方向。

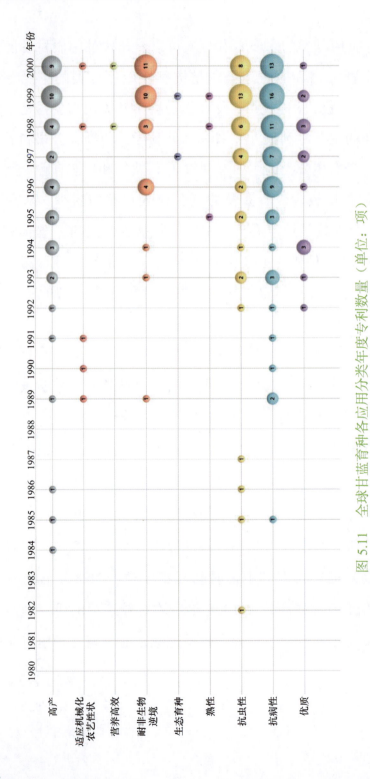

图 5.11　全球甘蓝育种各应用分类年度专利数量（单位：项）

图 5.11　全球甘蓝育种各应用分类年度专利数量（单位：项）（续）

5.4　主要产业主体分析

主要产业主体分析主要分析全球甘蓝育种领域专利权人的专利产出数量，遴选出主要的专利权人，作为后续多维组合分析、评价的基础，通过对清洗后专利家族的专利权人进行分析，可以了解该领域的主要研发机构。需要说明的是，杜邦公司在甘蓝育种领域的专利均来源于其旗下的全资子公司杜邦－先锋良种公司，所以此次将杜邦－先锋良种公司作为独立机构进行分析；孟山都公司于2018年6月被拜耳公司收购，由于收购时间较新，且孟山都公司历史悠久并在农化领域有着较大的影响力，此次仍将其作为独立机构进行分析。

全球甘蓝育种领域排名前11位的产业主体分布如图5.12所示。从图5.12中可以看出，产业主体具体包括拜耳作物科学（德国，155项）、杜邦－先锋良种公司（美国，89项）、巴斯夫公司（德国，78项）、韩国农村发展管理局（韩国，76项）、孟山都公司（美国，73项）、中国农业科学院蔬菜花卉研究所（中国，60项）、先正达公司（瑞士，59项）、北京市农林科学院（中国，42项）、西北农林科技大学（中国，34项）、山东省农业科学院蔬菜研究所（中国，33项）、西南大学（中国，33项）。排名前11位的产业主体中，来自中国的机构有5个，来自美国的机构有2个，来自德国的机构有2个，来自韩国和瑞士的机构各1个。其中排在第1位的拜耳作物科学是全球知名的农业公司，在该领域的专利布局超过排在第2位的专利权人1.7倍，中国的专利权人在排名前11位的产业主体中占比最高，但专利权人均为科研机构，未出现企业，说明中国在该领域的产业化水平较低，还有待发展。

表5.4列出了全球甘蓝育种排名前11位的产业主体活跃度和主要技术特长。孟山都公司、拜耳作物科学和先正达公司在甘蓝育种

领域的研究起步都很早，20 世纪 80 年代就有专利产出，但近几年的专利布局相对较少。中国在该领域的主要专利权人，如中国农业科学院蔬菜花卉研究所、北京市农林科学院、西南大学等在该领域产出专利的时间较晚，但发展较快。

图 5.12　全球甘蓝育种领域排名前 11 位的产业主体分布

表 5.4　全球甘蓝育种排名前 11 位的产业主体活跃度和主要技术特长

排名	专利权人	专利数量（项）	年份跨度（年）	2019—2021 年专利数量占比	主要技术专利数量分布（项）
1	拜耳作物科学	155	1985—2020	3.23%	转基因技术 [146]；抗虫性 [50]；高产 [41]
2	杜邦－先锋良种公司	89	1992—2019	1.12%	转基因技术 [83]；抗虫性 [66]；高产 [13]
3	巴斯夫公司	78	1996—2020	5.13%	转基因技术 [72]；高产 [28]；抗虫性 [24]
4	韩国农村发展管理局	76	2006—2020	7.89%	转基因技术 [47]；抗病性 [23]；耐非生物逆境 [12]

（续表）

排名	专利权人	专利数量（项）	年份跨度（年）	2019—2021 年专利数量占比	主要技术专利数量分布（项）
5	孟山都公司	73	1984—2020	4.11%	转基因技术 [50]；抗虫性 [34]；高产 [24]
6	中国农业科学院蔬菜花卉研究所	60	1994—2021	43.33%	转基因技术 [17]；抗病性 [10]；基因编辑 [6]
7	先正达公司	59	1987—2018	0%	转基因技术 [46]；抗虫性 [21]；耐非生物逆境 [17]
8	北京市农林科学院	42	1999—2021	33.33%	抗病性 [12]；转基因技术 [6]；耐非生物逆境 [4]
9	西北农林科技大学	34	2004—2021	14.71%	杂种优势利用 [11]；抗病性 [14]；细胞工程育种 [6]
10	山东省农业科学院蔬菜研究所	33	2008—2021	15.15%	抗病性 [6]；转基因技术 [5]；高产 [4]
11	西南大学	33	2009—2020	24.24%	转基因技术 [12]；高产 [5]；抗病性 [4]

排名前 11 位的产业主体大部分专利均主要集中于转基因技术，拜耳作物科学、杜邦－先锋良种公司、巴斯夫公司、孟山都公司等国外的产业主体均将转基因技术作为其最主要的专利布局方向之一，此外，抗虫性和高产两个应用分类也是上述产业主体的主要专利布局方向；而韩国农村发展管理局除在转基因技术和抗病性方向有较多专利分布外，还在耐非生物逆境方向有较多专利产出；中国农业科学院蔬菜花卉研究所作为在该领域专利申请量排在第 1 位的中国专利权人，除转基因技术和抗病性方向外，主要专利技术还集中于基因编辑方向，且 2019—2021 年的专利数量占比高达 43.33%，可见该研究所近几年的研发力量投入和研究成果都非常突

出，专利活跃度非常高；北京市农林科学院 2019—2021 年的专利占比也较高，达到了 33.33%，主要专利技术集中于抗病性。

5.4.1　主要产业主体的专利申请趋势

图 5.13 列出了全球甘蓝育种排名前 11 位的产业主体年度专利数量，从图 5.13 中可以看出本领域主要机构的起步时间和发展趋势。

孟山都公司是甘蓝育种领域最早申请相关专利的专利权人，于1984 年开始申请相关专利 1 项，标题为 *Novel Bacillus thuringiensis.var. kurstaki protein toxin derivative, smaller than native B.thuringiensis toxin, but which possesses same spectrum of insecticidal activity against lepidopteran insects as the native toxin*，这项专利与抗虫性甘蓝相关，1996 年后孟山都公司的年度专利申请较连续并保持稳定的产出状态，2017 年后专利数量有所下降，说明近年来该公司在甘蓝育种领域的布局有所减少。

拜耳作物科学最早于 1985 年有 1 项专利申请，标题为 *DNA of Bacillus thuringiensis encoding total protein implant cells useful at combating insects and reduces need for biological and chemical insecticides*，这项专利与研制对抗甘蓝鳞翅目和鞘翅目幼虫的生物杀虫剂相关，2003—2014 年拜耳作物科学的年度专利申请量整体有增长和浮动，2015 年专利数量下降明显，此后的年度有所回升但数量仍较少。

先正达公司最早于 1987 年有 1 项专利申请，标题为 *Male-sterile Brassica oleracea plants with Orgura CMS mitochondria and normal chloroplast(s)*，这项专利与甘蓝雄性不育植株相关，1998—2015 年先正达公司的年度专利产出较稳定，2016 年后专利数量很少，说明先正达公司近几年也减少了在甘蓝育种领域的专利布局。

杜邦－先锋良种公司最早于 1992 年有 1 项专利申请，标题为 *Derivatives of Bauhinia purpurea lectins useful as larvicides to control insects (e.g.European corn borer) in field crops such as corn, wheat and*

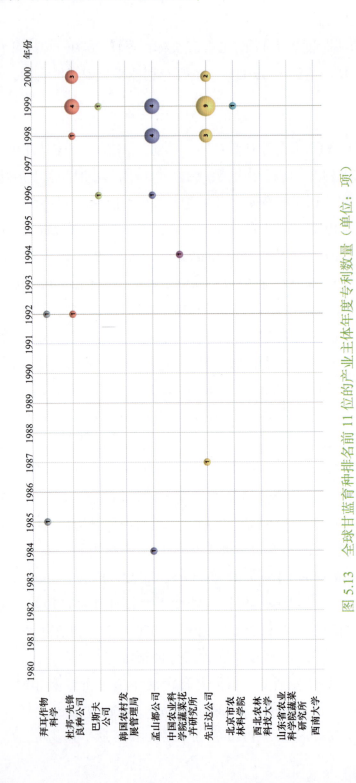

图 5.13　全球甘蓝育种排名前 11 位的产业主体年度专利数量（单位：项）

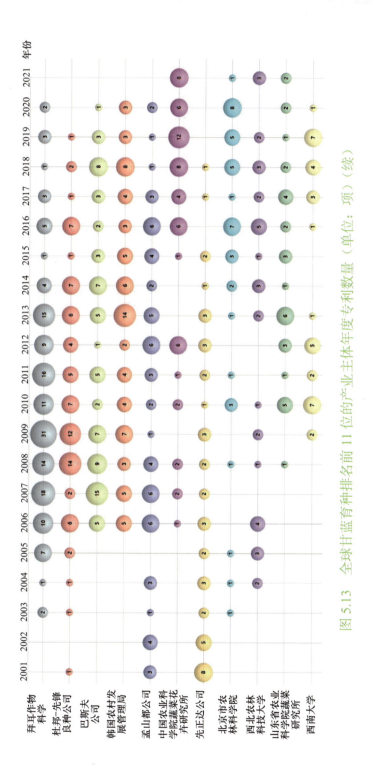

图 5.13　全球甘蓝育种排名前 11 位的产业主体年度专利数量（单位：项）（续）

rapeseed，这项专利同样与甘蓝杀虫剂相关，杜邦 - 先锋良种公司在甘蓝育种领域的专利布局主要集中于 2006—2016 年，2017 年后年度专利申请量有所减少，2020 年后该公司在甘蓝育种领域没有专利产出。

中国农业科学院蔬菜花卉研究所作为国内在该领域开展研究最早的机构，于 1994 年申请相关专利 1 项，标题为 *Cross-breeding method for wild cabbage*，这项专利与甘蓝杂交育种相关，2006 年后中国农业科学院蔬菜花卉研究所在甘蓝育种领域逐年基本都有专利申请，2016 年后专利申请量增多且保持稳定状态，说明中国农业科学院蔬菜花卉研究所近年来在甘蓝育种领域有着较多的专利布局。

5.4.2 主要产业主体的专利布局

图 5.14 为全球甘蓝育种排名前 5 位的产业主体的主要专利布局。图 5.14 中横坐标轴为各产业主体在主要国家 / 地区的专利数量（件），纵坐标轴为专利公开国家 / 地区。

从图 5.14 中可以看出，拜耳作物科学、杜邦 - 先锋良种公司、巴斯夫公司在中国、美国、世界知识产权组织、欧洲、澳大利亚、韩国、加拿大、巴西、日本、印度、墨西哥等全球主要国家均有专利布局，孟山都公司在除新西兰外的其他主要国家均有专利布局，以上 4 家公司均在美国布局甘蓝育种相关专利最多，而韩国农村发展管理局的专利布局基本在国内，在世界知识产权组织、中国和美国有少数专利布局。说明排名前 5 位的产业主体中拜耳作物科学、杜邦 - 先锋良种公司、巴斯夫公司、孟山都公司有较强的国际竞争力，而韩国农村发展管理局在该领域的全球化意识较弱。

5.4.3 主要产业主体的专利技术分析

主要产业主体技术对比分析是对主要产业主体投资的技术领域进行对比分析，深入了解产业主体的专利布局情况，透析各产业主体的技术核心。图 5.15 为全球甘蓝育种专利排名前 5 位的产业主体

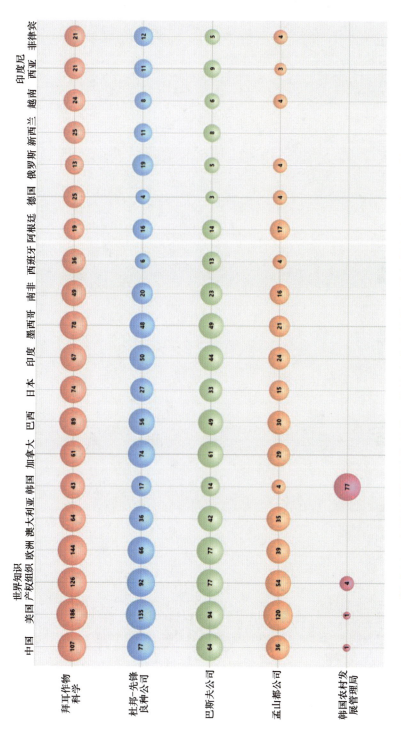

图 5.14　全球甘蓝育种排名前 5 位的产业主体的主要专利布局（单位：件）

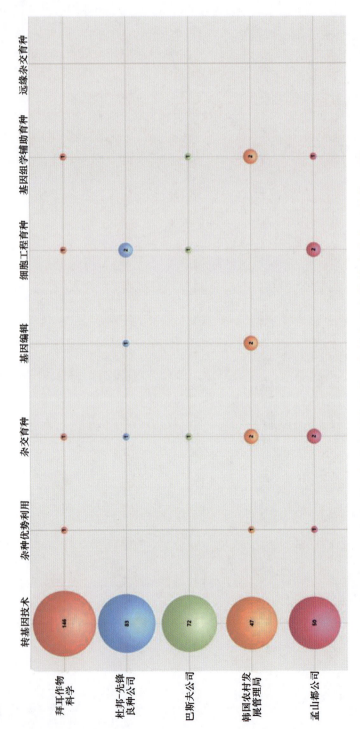

图 5.15　全球甘蓝育种专利排名前 5 位的产业主体技术分布（单位：项）

技术分布。从图 5.15 中可以看出，排名前 5 位的产业主体在甘蓝育种领域的专利均主要布局在转基因技术方向上，其中拜耳作物科学在转基因技术领域的专利申请量最多（146 项），其余技术方向排名前 5 位的产业主体的专利布局均较少，在远缘杂交育种技术方向排名前 5 位的产业主体均没有专利申请，说明该技术方向是甘蓝育种领域主要研究机构相对空白的技术点。

5.5　高质量专利态势分析

本次检索到的全部甘蓝育种专利中，排名前 10% 的专利强度在 50 分以上，故本书定义 Innography 专利强度大于或等于 50 分的专利为该领域的高质量专利。本节针对全球甘蓝育种专利中，专利强度大于或等于 50 分的 730 件高质量专利进行分析。

5.5.1　高质量专利申请趋势

全球甘蓝育种高质量专利申请趋势如图 5.16 所示，1985 年最早申请的 1 件高质量专利，目前已失效。高质量专利的申请高峰出现在 2008 年（65 件），该年度的高质量专利主要来自安莎种子公司、乌得勒支大学、巴斯夫公司、拜耳作物科学等，此外，2007 年的高质量专利申请也较多（55 件）。

5.5.2　高质量专利来源国家 / 地区分布

全球甘蓝育种高质量专利来源国家 / 地区分布如图 5.17 所示。从图 5.17 中可以看出，全球甘蓝育种高质量专利主要来源于以下国家 / 地区：美国（496 件）、欧洲（84 件）、世界知识产权组织（45 件）、英国（38 件），绝大部分高质量专利来源于美国，占比高达 68%。

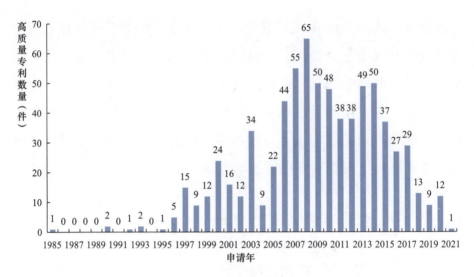

图 5.16　全球甘蓝育种高质量专利申请趋势

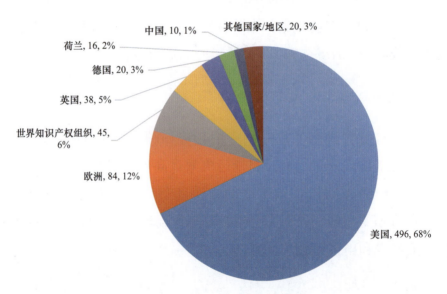

图 5.17　全球甘蓝育种高质量专利来源国家 / 地区分布（单位：件）

5.5.3　高质量专利主要产业主体分布

全球甘蓝育种高质量专利主要产业主体分布如图 5.18 所示。从图 5.18 中可以看出，拜耳作物科学的高质量专利数量最多，其次为巴斯夫公司和杜邦－先锋良种公司。排名前 10 位的产业主体均来自国外，排名前 10 位的产业主体共申请高质量专利 429 件，占全部高质量专利的 58.77%。

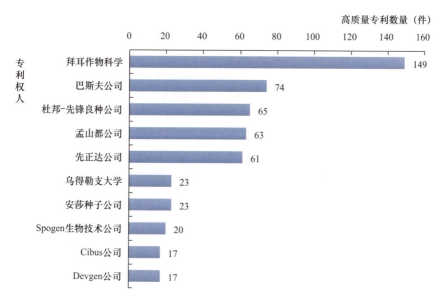

图 5.18 全球甘蓝育种高质量专利主要产业主体分布

全球甘蓝育种高质量专利主要产业主体申请趋势如图 5.19 和图 5.20 所示。从图 5.19 和图 5.20 中可以看出，拜耳作物科学自 1993 年起陆续有高质量专利产出，且 2006—2014 年的年度高质量专利数量维持在 11～25 件。巴斯夫公司的高质量专利申请高峰阶段为 2007—2015 年，2008 年和 2010 年的年度高质量专利数量均高达 12 件。杜邦－先锋良种公司的高质量专利产出集中于 2008—2019 年，其中 2013 年数量最多，为 17 件。孟山都公司自 1996 年开始断续有年度高质量专利产出，2007 年达到最高点（11 篇）后呈下降趋势，2018 年后没有高质量专利产出。先正达公司的高质量专利产出集中于 2000—2016 年。

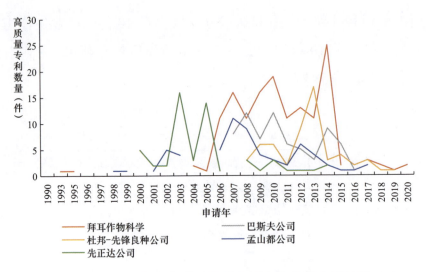

图 5.19　全球甘蓝育种高质量专利主要产业主体申请趋势（1）

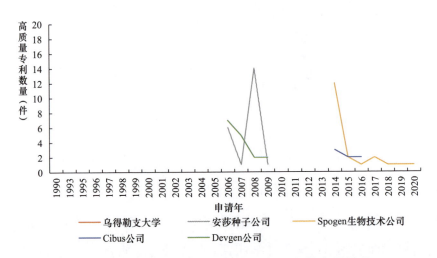

图 5.20　全球甘蓝育种高质量专利主要产业主体申请趋势（2）

5.5.4　高质量专利主要技术分布

　　分析高质量专利的技术分布，可以掌握目前本领域内的高质量专利布局侧重点，寻找高质量专利涉及较少的技术或应用领域进行突破。全球甘蓝育种高质量专利主要技术分布如图 5.21 所示。从图 5.21 中可以看出，全球甘蓝育种领域的高质量专利共有 403 件，从技术分布来看绝大多数布局在转基因技术领域，共有 308 件专利，占比高达 76.43%。此外，在基因编辑、杂种优势利用技术领域也有部分高质量专利产出，在杂交育种、细胞工程育种、基因组学辅助育种、远缘杂交育种技术领域的高质量专利产出很少，是亟待突破的领域。

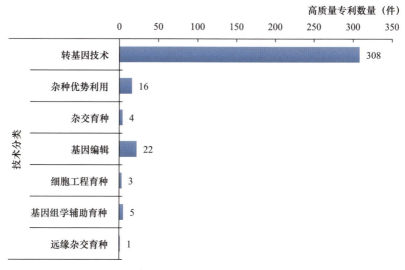

图 5.21　全球甘蓝育种高质量专利主要技术分布

5.6　主要产业主体竞争力分析

为了进一步了解全球甘蓝育种领域主要产业主体的竞争格局和竞争力对比情况，本章选取最早优先权年范围为 2011—2021 年，将专利数量排名前 10 位的产业主体作为分析对象，从专利数量、申请趋势、优势技术、授权保护、专利运营、专利质量、专利技术发展路线等维度进行产业主体竞争力分析。

5.6.1　主要产业主体专利数量及申请趋势对比分析

全球甘蓝育种领域 2011—2021 年共申请专利 1252 项，专利数量排名前 10 位的产业主体共申请专利 361 项。图 5.22 为 2011—2021 年全球甘蓝育种主要产业主体分布，其中，中国机构有 5 个，主要产业主体数量排在第 1 位。拜耳作物科学不但总的专利数量排在第 1 位，2011—2021 年专利数量仍排在第 1 位，共 59 项。中国机构中专利数量排在第 1 位的是中国农业科学院蔬菜花卉研究所，为 52 项，全球排在第 2 位。

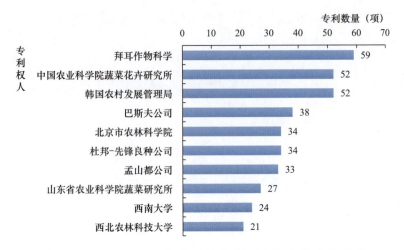

图 5.22　2011—2021 年全球甘蓝育种主要产业主体分布

图 5.23 为 2011—2021 年甘蓝育种主要产业主体的专利年份趋势。整体来看，拜耳作物科学、韩国农村发展管理局、巴斯夫公司、孟山都公司等国外产业主体的专利申请较为连续，但 2019 年后的年度专利数量有所下降。中国的产业主体如中国农业科学院蔬菜花卉研究所、北京市农林科学院、西南大学等 2018 年后的专利数量有所上升。

拜耳作物科学的专利申请高峰期集中于 2011—2014 年，2015 年后数量有很大下降，说明其在甘蓝育种领域的研究布局已相对弱化。中国农业科学院蔬菜花卉研究所在该领域的专利申请高峰出现在 2016—2021 年，说明近五年该机构在甘蓝育种领域有较大的研究突破。韩国农村发展管理局和巴斯夫公司的专利研发态势较为相似，研究重点均集中于 2020 年之前。北京市农林科学院于 2016 年和 2020 年在该领域均有较多的专利产出，而杜邦－先锋良种公司于 2014 年和 2016 年的专利产出较多。

图 5.23　2011—2021 年甘蓝育种主要产业主体的专利年份趋势（单位：项）

5.6.2　主要产业主体优势技术

图 5.24 展示了 2011—2021 年全球甘蓝育种主要产业主体的技术分布。需要说明的是，一项专利可能涉及多项技术。从图 5.24 中可以看出，大多数产业主体在甘蓝育种领域的专利都集中于转基因技术，其中拜耳作物科学在甘蓝转基因技术领域的专利数量最多，为 57 项；其次为巴斯夫公司和杜邦 – 先锋良种公司，专利数量分别为 35 项和 33 项。中国农业科学院蔬菜花卉研究所和西南大学在基因编辑和杂种优势技术领域也有少量专利布局，西北农林科技大学在杂种优势利用和细胞工程育种技术领域的专利布局较多，相关专利数量分别为 7 项和 6 项。

5.6.3　主要产业主体的授权保护对比分析

将主要产业主体全部专利家族进行同族扩充和归并申请号，得到 2011—2021 年全球甘蓝育种主要产业主体的专利申请数量与有效专利数量对比，如图 5.25 所示。从图 5.25 中可以看出，拜耳作物科学和杜邦 – 先锋良种公司进行同族扩充后的专利数量远超过其他产业主体，说明这两个产业主体就一项专利技术在多个国家 / 地区进行了专利的申请布局，因此专利家族成员众多。而中国的各产业主体，其专利的件数与项数差别均较小，说明中国产业主体的全球专利布局相较于大型国际公司还存在不小的差距。

从有效专利占比来看，中国和韩国的产业主体有效专利占比较高，韩国农村发展管理局有效专利占比达到 88.89%，排在第 1 位；山东省农业科学院蔬菜研究所有效专利占比为 85.19%，排在第 2 位；中国农业科学院蔬菜花卉研究所有效专利占比为 84.13%，排在第 3 位。西南大学、巴斯夫公司和孟山都公司的有效专利占比也较高，达到了 50% 以上。

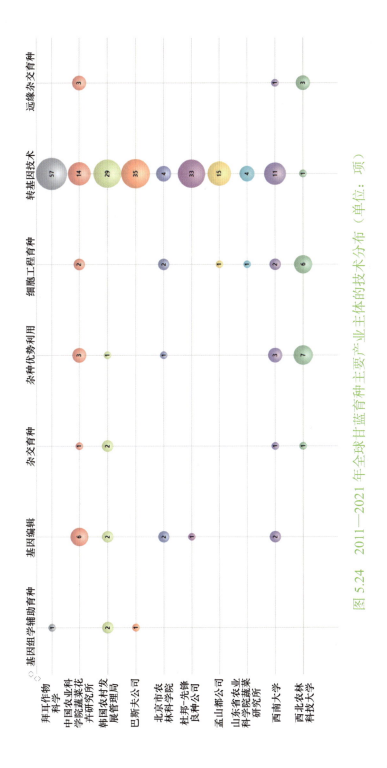

图 5.24　2011—2021 年全球甘蓝育种主要产业主体的技术分布（单位：项）

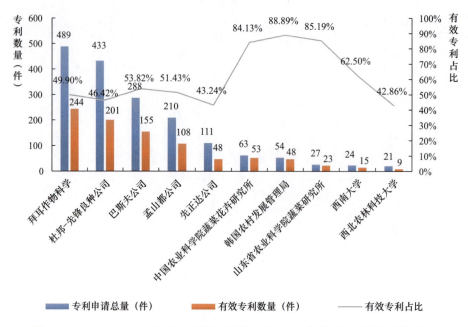

图 5.25　2011—2021 年全球甘蓝育种主要产业主体的专利申请数量与
有效专利数量对比

5.6.4　主要产业主体的专利运营情况对比分析

图 5.26 为 2011—2021 年全球甘蓝育种主要产业主体的专利运
营分布，部分产业主体仅发生了专利转让，没有专利许可。总体来
看，中国产业主体的转让专利数量较少，仅有中国农业科学院蔬菜
花卉研究所有 1 件专利转让，而拜耳作物科学、杜邦–先锋良种公
司、巴斯夫公司的转让专利则非常多，分别转让专利 113 件、62 件
和 61 件，韩国农村发展管理局、山东省农业科学院蔬菜研究所、
西南大学、西北农林科技大学则没有转让专利。从转让专利的数
量可以反映出产业主体的专利价值、专利转移转化和产业化成果，
从而发现中国产业主体在专利运营上与国外产业主体之间的巨大
差距。

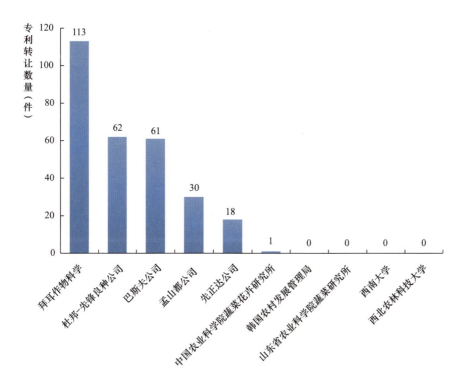

图 5.26　2011—2021 年全球甘蓝育种主要产业主体的专利运营分布

5.6.5　主要产业主体专利质量对比分析

本次分析采用 Innography 数据库中的专利强度区间来定义和分析专利质量，绘制 2011—2021 年全球甘蓝育种主要产业主体的专利质量对比，如图 5.27 所示。从图 5.27 中可以看出，70 分以上的专利大多掌握在拜耳作物科学和杜邦 - 先锋良种公司手中，中国机构的专利中，0 ～ 20 分专利占比较高。

从图 5.27 中的高质量专利曲线可以看出，拜耳作物科学的高质量专利数量最多（54 件），其次为杜邦 - 先锋良种公司（39 件）、巴斯夫公司（25 件）和孟山都公司（14 件）。在中国的专利权人中，仅有中国农业科学院蔬菜花卉研究所和西南大学分别有 1 件高质量专利，其余的产业主体高质量专利均为 0。

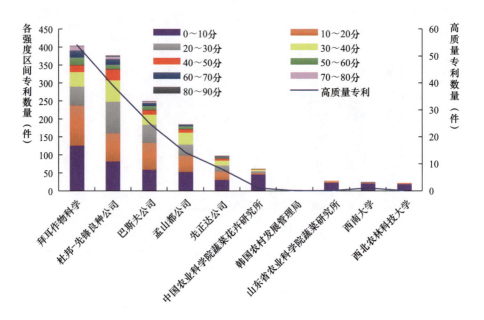

图 5.27　2011—2021 年全球甘蓝育种主要产业主体的专利质量对比

2011—2021 年全球甘蓝育种主要产业主体的高质量专利申请趋势如图 5.28 所示。从图 5.28 中可以看出，高质量专利的申请年集中在 2012—2014 年，其中，拜耳作物科学在 2012—2014 年共申请了 52 件高质量专利，杜邦－先锋良种公司在 2012—2014 年共申请了 29 件高质量专利，可重点关注和研究拜耳作物科学和杜邦－先锋良种公司这 3 年的专利。巴斯夫公司的高质量专利集中于 2012 年、2014 年和 2015 年，2016 年后高质量专利极少。中国的专利权人中，中国农业科学院蔬菜花卉研究所的 1 件高质量专利申请于 2020 年，西南大学的 1 件高质量专利申请于 2017 年。

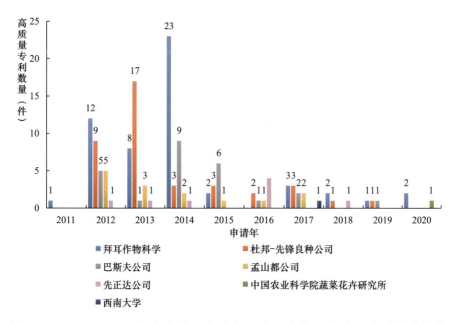

图 5.28　2011—2021 年全球甘蓝育种主要产业主体的高质量专利申请趋势

第 6 章

全球甘蓝育种论文态势分析

本章以甘蓝育种为研究对象，分析相关论文产出趋势、来源国家和机构分布、高质量论文来源并挖掘领域研究热点，以帮助相关科研人员和管理人员了解该技术的全球发展现状，掌握研究热点和方向，研判发展趋势。

本章采用科睿唯安 Science Citation Index Expanded (SCI-EXPANDED) 和 Conference Proceedings Citation Index- Science（CPCI-S）数据库作为检索数据源，对全球的甘蓝育种相关论文进行检索，采用 Derwent Data Analyzer、VOSviewer 等工具对数据进行清洗和分析。

截至 2022 年 1 月 20 日，在上述数据库中共检索到甘蓝育种相关论文 10067 篇。考虑到数据库收录与论文发表的时间差，2021 年的论文数量尚不完整，不能完全代表该年度的发文趋势。

▶ 6.1 论文产出趋势

全球及中国甘蓝育种年度发文趋势如图 6.1 所示。从图 6.1 中可以看出，无论是在全球或是在中国，甘蓝育种领域的发文量均呈现整体上扬的态势，可阶段性分为萌芽期（1918—1990 年）和成长期（1991 年至今）。全球第一篇相关发文是 1918 年由美国威斯康星大学发表的 *Disease resistance in cabbage*，中国第一篇相关发文是 1990 年由北京蔬菜研究中心发表的 *EMBRYOGENESIS AND PLANT-REGENERATION OF SAUERKRAUT CABBAGE (BRASSICA-OLERACEA L SSP-CAPITATA) VIA INVITRO ISOLATED MICROSPORE CULTURE*，属于甘蓝细胞工程育种领域。1991 年全球甘蓝育种领域发文量首次突破 100 篇，2021 年全球发表相关论文 674 篇，中国发表相关论文 243 篇，约占全球发文量的 36.05%。

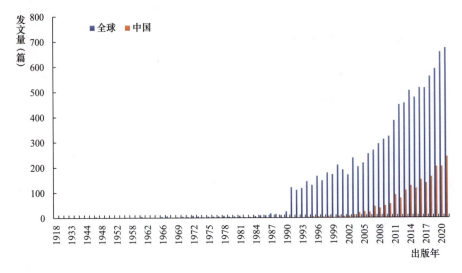

图 6.1　全球及中国甘蓝育种年度发文趋势

6.2　主要来源国家 / 地区分析

　　图 6.2 为全球甘蓝育种发文主要来源国家 / 地区分布。从图 6.2 中可以看出，中国（1968 篇）在发文数量上拥有绝对优势，其次为美国（1647 篇）和巴西（840 篇），都是该技术研究较为集中的国家。加拿大和韩国的发文量排名也在前 5 位。

　　图 6.3 为全球甘蓝育种排名前 5 位的国家发文趋势。从图 6.3 中可以看出，中国自 2010 年起在本领域的发展极为迅速，发文量远高于其他国家，2021 年达到单年发文量的峰值（243 篇），而其

他 4 个国家的发文量均在 100 篇以下，尤其是美国，虽然总发文量排在第 1 位，但 2011—2021 年的年度发文量均在 100 篇以下。

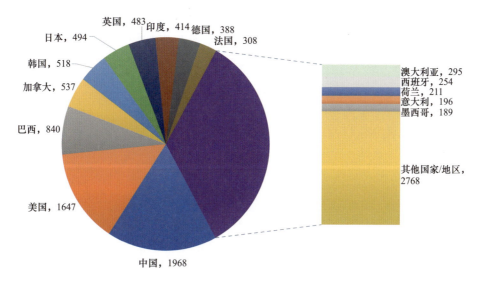

图 6.2　全球甘蓝育种发文主要来源国家 / 地区分布（单位：篇）

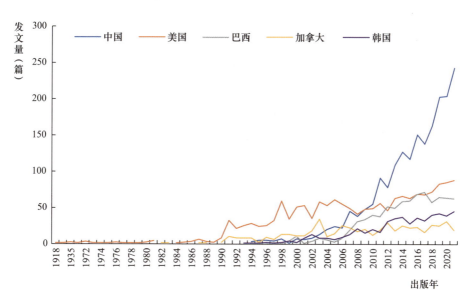

图 6.3　全球甘蓝育种排名前 5 位的国家发文趋势

表 6.1 为全球甘蓝育种主要技术领域发文量排名前 3 位的国家。从表 6.1 中可以看出，中国在分子标记辅助选择、细胞工程育种和基因组学辅助育种领域的研究处于领先位置，美国在转基因技术、杂种优势利用和杂交育种领域的研究处于领先位置，日本在分子标记辅助选择、转基因技术、杂种优势利用、杂交育种等领域的研究也位居国际前列。

表 6.1　全球甘蓝育种主要技术领域发文量排名前 3 位的国家

技 术 分 类	国　　家	发文量（篇）
分子标记辅助选择	中国	343
	美国	142
	日本	104
转基因技术	美国	218
	英国	99
	日本	90
杂种优势利用	美国	139
	英国	61
	日本	56
细胞工程育种	中国	114
	英国	37
	加拿大	28
杂交育种	美国	81
	日本	31
	英国	23
基因组学辅助育种	中国	68
	韩国	45
	美国	22

▶ 6.3　主要发文机构分析

全球甘蓝育种发文排名前 20 位的机构如图 6.4 所示。从图 6.4

中可以看出，排名前 20 位的机构国家分布较广，分别来自中国、美国、法国、加拿大、韩国、巴西和瑞典，但排名前 10 位的机构主要来自中国和美国。排名前 6 位的机构有 4 个来自中国，分别是中国农业科学院（244 篇）、中国科学院（165 篇）、南京农业大学（127 篇）和沈阳农业大学（122 篇）。美国康奈尔大学发文量 207 篇，排在第 2 位；美国农业部农业研究院发文量 197 篇，排在第 3 位；美国佛罗里达大学发文量 112 篇，排在第 8 位。

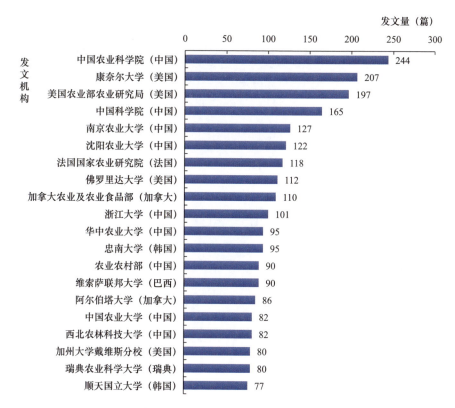

图 6.4　全球甘蓝育种发文排名前 20 位的机构

排名前 20 位的机构总发文量为 2113 篇，占全部发文量的 20.99%，排名前 20 位的机构以外其他机构总发文量为 9161 篇，占全部发文量的 91.00%。说明甘蓝育种领域的技术没有掌握在少数机构手里，同时，排名前 20 位的机构与其他机构之间存在大量的合作发文情况。

全球甘蓝育种发文排名前 10 位的机构发文趋势如图 6.5 和图 6.6 所示（由于发文年份跨度较长，故分为两个时间区间绘制）。从图 6.5 和图 6.6 中可以看出，排名前 10 位的机构中有 8 个机构在 2000 年以前有发文，最早可追溯到 1975 年，但 2000 年以前各机构发文量都比较少，年度发文量大多在 10 篇以下。沈阳农业大学和浙江大学分别从 2002 年和 2000 年开始在本领域有发文。排名前 10 位的机构 2000—2021 年的发文量都较为连续，中国农业科学院、中国科学院和沈阳农业大学自 2015 年至今的发文量明显高于其他机构，说明中国的机构在甘蓝育种领域的研究热度越来越高，且技术越来越成熟，尤其是最近几年的相关成果产出超过国外机构，仅 2015—2021 年，中国农业科学院就发表相关论文 165 篇，中国科学院发表论文 80 篇，沈阳农业大学发表论文 81 篇，反观康奈尔大学和美国农业部农业研究院 2015—2021 年的发文量分别为 38 篇和 56 篇，与中国机构差距明显，说明近年来他们在本领域的研究成果少于中国领先机构。

全球甘蓝育种主要技术领域发文量排名前 3 位的机构如表 6.2 所示。从表 6.2 中可以看出，中国农业科学院、沈阳农业大学在甘蓝育种的分子标记辅助选择、细胞工程育种、杂交育种领域发文量均排名前 2 位，康奈尔大学在转基因技术、杂种优势利用领域发文量排名前 2 位，证明了中国农业科学院、沈阳农业大学和康奈尔大学在本研究领域的领先地位。此外，浙江大学和中国农业科学院在转基因技术领域发文也较多，顺天国立大学在分子标记辅助选择和基因组学辅助育种领域发文也都较多。

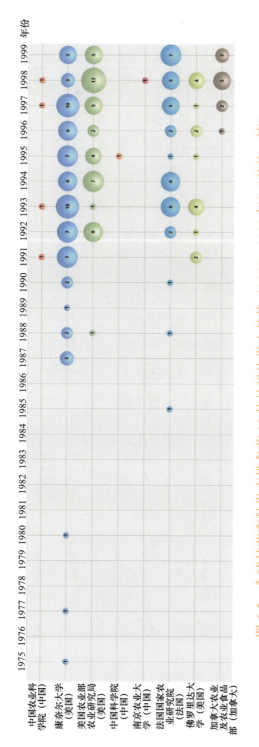

图 6.5　全球甘蓝育种发文排名前 10 位的机构发文趋势（1975—1999 年）（单位：篇）

注：因为沈阳农业大学（中国）和浙江大学（中国）在 2000 年前都没有相关论文发表，所以在该图中没有显示。

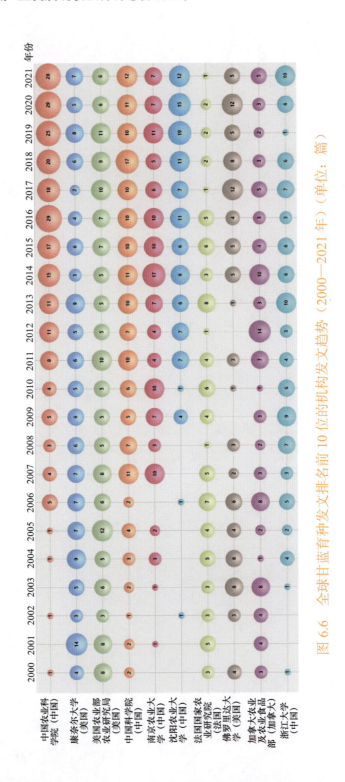

图 6.6　全球甘蓝育种发文排名前 10 位的机构发文趋势（2000—2021 年）（单位：篇）

表 6.2　全球甘蓝育种主要技术领域发文数量排名前 3 位的机构

技 术 分 类	机　　构	发文量（篇）
分子标记辅助选择	中国农业科学院（中国）	86
	沈阳农业大学（中国）	45
	顺天国立大学（韩国）	33
转基因技术	康奈尔大学（美国）	59
	浙江大学（中国）	35
	中国农业科学院（中国）	34
杂种优势利用	东北大学（日本）	41
	康奈尔大学（美国）	27
	中国农业科学院（中国）	56
细胞工程育种	沈阳农业大学（中国）	35
	中国农业科学院（中国）	26
	美国农业部农业研究局（美国）	20
杂交育种	沈阳农业大学（中国）	29
	中国农业科学院（中国）	27
	华中农业大学（中国）	10
基因组学辅助育种	顺天国立大学（韩国）	14
	庆熙大学（韩国）	13
	忠南大学（韩国）	13

全球甘蓝育种领域全部作者机构和第一作者机构排名如表 6.3 所示。由表 6.3 可以看出，按照第一作者统计机构排名与全部作者机构排名顺序发生了一定的变化。中国农业科学院和康奈尔大学仍分别排在第 1 位和第 2 位，美国农业部农业研究院的总发文量排在第 3 位，但第一作者发文量排在第 6 位。第一作者机构排名前 5 位的有 4 个是中国的科研机构，说明甘蓝相关科研大多由中国的科研人员牵头和主导进行，我国在本领域的自主创新能力较强。

表 6.3　全球甘蓝育种领域全部作者机构和第一作者机构排名

排名	全部作者机构	发文量（篇）	第一作者机构	发文量（篇）
1	中国农业科学院（中国）	244	中国农业科学院（中国）	184
2	康奈尔大学（美国）	207	康奈尔大学（美国）	152
3	美国农业部农业研究院（美国）	197	南京农业大学（中国）	105
4	中国科学院（中国）	165	沈阳农业大学（中国）	105
5	南京农业大学（中国）	127	中国科学院（中国）	101
6	沈阳农业大学（中国）	122	美国农业部农业研究院（美国）	101
7	法国国家农业研究院（法国）	118	浙江大学（中国）	80
8	佛罗里达大学（美国）	112	法国国家农业研究院（法国）	69
9	加拿大农业及农业食品部（加拿大）	110	华中农业大学（中国）	63
10	浙江大学（中国）	101	佛罗里达大学（美国）	61

6.4　技术功效分析

图 6.7 为全球甘蓝育种领域发文的技术与应用分布。从图 6.7 中可以看出，在全球甘蓝育种领域中，采用最多的技术包括分子标记辅助选择（962 篇）、转基因技术（895 篇）和杂种优势利用（544 篇），基因编辑和诱变育种目前研究较少，且多为 2017—2021 年发文，属于甘蓝育种的新兴技术领域。在应用研究方面，适应机械化农艺性状相关发文量最多，共 4088 篇，其次为抗病性（1164 篇）和抗虫性（1038 篇），而生态育种相关的研究目前最少。

全球甘蓝育种领域各技术分类发文趋势如图 6.8 所示。从图 6.8 中可以看出，分子标记辅助选择、转基因技术、杂交育种、细胞工程育种的发文量在整体上升中略带波动，尤其是分子标记辅助选择在 2015—2021 年发文数量增长明显，说明其研究热度明显增加。

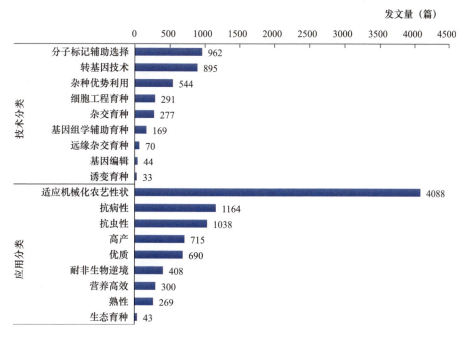

图 6.7　全球甘蓝育种领域发文的技术与应用分布

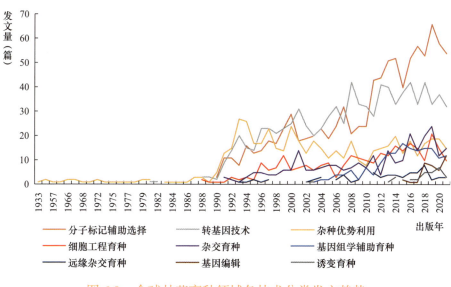

图 6.8　全球甘蓝育种领域各技术分类发文趋势

　　全球甘蓝育种领域各应用分类发文趋势如图 6.9 所示。从图 6.9 中可以看出，各类甘蓝应用领域的发文量均呈上升态势，尤其是熟性相关发文量，自 2000 年起快速增长，且 2015—2021 年的年度发文量都保持在 200 篇以上，为甘蓝育种领域研究最多和热度最高的应用分类。此外，抗病性、抗虫性和优质甘蓝育种的研究也相对较多。

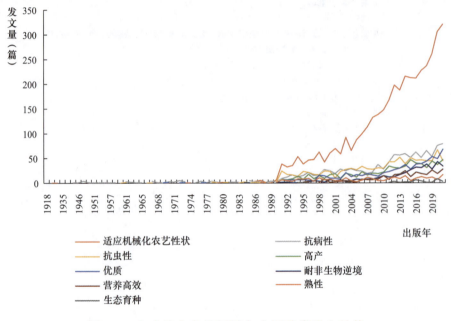

图 6.9　全球甘蓝育种领域各应用分类发文趋势

　　图 6.10 为全球甘蓝育种领域发文的技术功效矩阵。从图 6.10 中可以看出，该领域当前的最热技术为分子标记辅助选择，功能效果最多体现在提高甘蓝的抗病性和耐非生物逆境。此外，利用转基因技术提高甘蓝的抗病性、抗虫性、耐非生物逆境特性方面的论文也较多。在提高甘蓝抗病性方面，分子标记辅助选择、转基因技术、细胞工程育种和杂交育种的发文量都较多，是现阶段需要重点关注的研究点。基因组学辅助育种主要应用在提高甘蓝的耐非生物逆境方面。

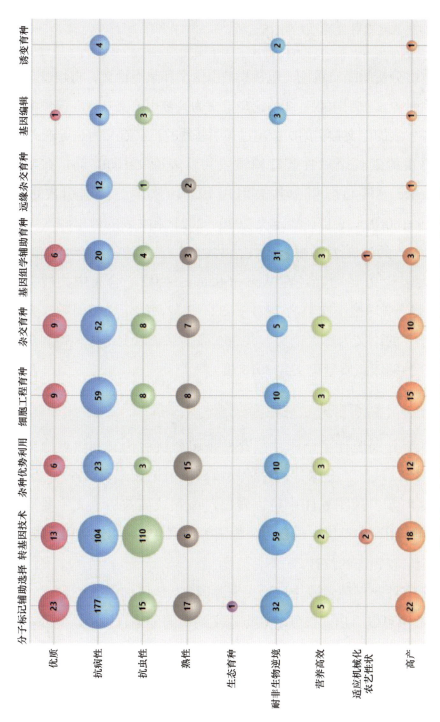

图 6.10　全球甘蓝育种领域发文的技术功效矩阵（单位：篇）

▶ 6.5　高质量论文分析

本次分析的高质量论文包括高被引论文和热点论文：将超过全球甘蓝育种论文被引次数基线的论文定义为高被引论文；将在该领域最近两年发表的论文被引用次数超过被引基线的论文定义为热点论文。

本次检索到全球甘蓝育种领域共发表论文 10067 篇，在 Web of Science ™核心合集中共被引用 193019 次，平均被引次数为 193019÷10067 ≈ 19.17，故定义 2020—2021 年发表的被引频次大于或等于 20 的论文为高被引论文，共 2662 篇；该领域 2020—2021 年共发表论文 1332 篇，在 Web of Science ™核心合集中共被引用 2821 次，平均被引次数为 2821÷1332 ≈ 2.12，故定义被引频次大于或等于 3 的论文为热点论文，共 360 篇。综合以上结果，得到全球甘蓝育种领域高质量论文共 3015 篇。

6.5.1　高质量论文来源国家／地区分布

本节分别统计了全球甘蓝育种领域高被引论文和热点论文的来源国家／地区，全球甘蓝育种领域高被引论文来源国家／地区如图 6.11 所示。从图 6.11 中可以看出，该领域高被引论文主要来自美国、中国、中英国、加拿大、德国等国家／地区，论文质量较高，位于全球较领先的位置。

全球甘蓝育种领域热点论文来源国家／地区如图 6.12 所示。从图 6.12 中可以看出，该领域热点论文绝大部分来自中国，此外，美国、加拿大、韩国和巴西的热点论文也较多，说明这些国家近几年的研究位于全球较领先的位置。中国的热点论文数量超过全部热点论文数量的 34%。

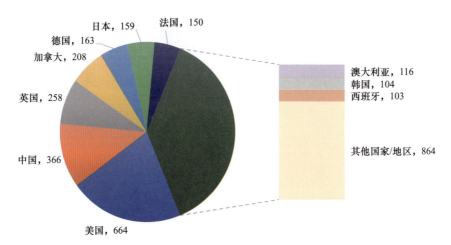

图 6.11　全球甘蓝育种领域高被引论文来源国家 / 地区（单位：篇）

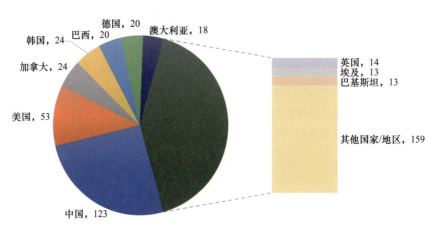

图 6.12　全球甘蓝育种领域热点论文来源国家 / 地区（单位：篇）

6.5.2　高质量论文机构分布

　　表 6.4 列出了全球甘蓝育种领域高质量论文机构分布。从表 6.4 中可以看出，康奈尔大学、美国农业部农业研究院和法国国家农业研究院的高被引论文数量较多，中国农业科学院和中国科学院次之。中国农业科学院和沈阳农业大学的热点论文数量较多。高被引论文排名前 11 位的发文机构中，有 4 个美国机构、2 个中国机构、2 个加拿大机构，法国、西班牙、英国机构各 1 个。热点论文排名前 10 位的发文机

构中，有 7 个中国机构，加拿大、美国、沙特阿拉伯各 1 个机构。总体来看，中国科研机构的高被引论文数量较少，但热点论文数量远超其他国家，可见中国近年来在本领域的研究逐渐增强，且成果丰富。

表 6.4   全球甘蓝育种领域高质量论文机构分布

序号	高被引论文发文机构	高被引论文量（篇）	热点论文发文机构	热点论文量（篇）
1	康奈尔大学（美国）	120	中国农业科学院（中国）	15
2	美国农业部农业研究院（美国）	82	沈阳农业大学（中国）	9
3	法国国家农业研究院（法国）	69	中国科学院（中国）	8
4	中国农业科学院（中国）	56	西北农林科技大学（中国）	8
5	中国科学院（中国）	50	阿尔伯塔大学（加拿大）	8
6	加拿大农业及农业食品部（加拿大）	50	佛罗里达大学（美国）	7
7	加利佛尼亚大学戴维斯分校（美国）	44	农业农村部（中国）	7
8	威斯康星大学（美国）	42	沙特国王大学（沙特阿拉伯）	6
9	阿尔伯塔大学（加拿大）	35	华中农业大学（中国）	6
10	西班牙高等科研理事会（西班牙）	34	江南大学（中国）	6
11	英国国际园艺研究所（英国）	34	-	-

6.5.3   高质量论文研究热点分析

本次分析基于 2000—2021 年全球甘蓝育种领域的 2346 篇高质量论文，提取全部关键词（作者关键词和 Web of Science ™数据库提取的关键词），利用 VOSviewer 软件对该领域的主题热点进行挖掘，遴选出现频次大于 50 的关键词，通过主题聚类计算关键词的共现关系，生成全球甘蓝育种领域高质量论文研究热点聚类，如图 6.13 所示。目前，全球甘蓝育种领域的研究主要集中在 3 个主题，具体内容如下。

第一个主题聚焦甘蓝类植物的生长栽培，重点关注其产量、质量、生产率、生物质、品种等，主要应用领域包括高产、优质（图 6.13 中红色聚类）等，该主题的研究热词包括 growth、plants、 yield、responses、glucosinolates、quality、tolerance、stress、photosynthesis、biomass、antioxidant 等。

　　第二个主题聚焦拟南芥属作物的生物合成研究、基因表达、基因序列和进化、鉴别等，主要应用领域为抗虫和抗病性研究（图 6.13 中绿色聚类），相关热词包括 arabidopsis、identification、expression、gene、gene-expression、plasmodiophora brassicae、evolution、protein、biosynthesis、disease resistance、sequence。

　　第三个主题聚焦甘蓝的抗虫性研究、生物防治和群体多样性，重点针对小菜蛾（图 6.13 中蓝色聚类），相关热词包括 resistance、populations、diversity、management、biological-control、plutella xylostella、diamondback moth。

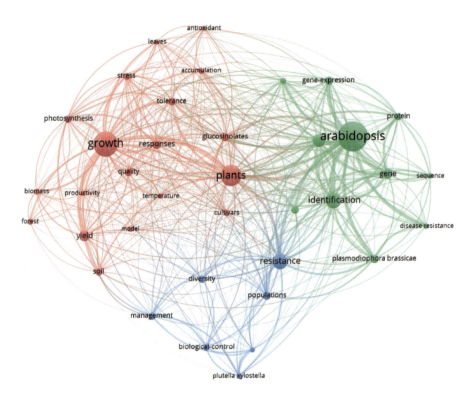

图 6.13　全球甘蓝育种领域高质量论文研究热点聚类

第 7 章

保障中国蔬菜产业及育种高质量发展的启示与建议

7.1 中国蔬菜育种未来发展建议

7.1.1 中国蔬菜育种存在的问题

7.1.1.1 对优质种质资源的开发与保护不足

中国地域幅员辽阔，生物种类众多，农作物种质资源丰富，但中国对种质资源的采集、鉴定、保护、筛选等工作开展时间较晚，因此对种质资源的保护工作相对滞后。第三次全国农作物种质资源普查与收集的阶段性成果显示，中国农作物地方品种存在保护力度不足、优质特性作物品种消失等问题。尽管中国优质种质资源较多，但育种子企业业及科研机构的研发能力有限，对优质种质的研发与推广不足，导致本土耐瘠薄、抗病等品种利用率不足。

7.1.1.2 蔬菜育种"育繁推"结合紧密度不足

在蔬菜育种方面，创新链与产业链是相互驱动发展的。目前，中国科研机构是进行蔬菜育种的主要单位，种子企业主要进行种子的推广与销售工作。但科研单位承担科研教育等工作，导致蔬菜育种专注度不足，同时与企业联系不够紧密，导致蔬菜育种"育繁推"结合紧密度不足。中国蔬菜种业企业对核心人才的吸引力不足，导致企业"繁育"水平整体较弱。农业农村部调查数据显示，中国目前共有农作物种子企业 7372 家，其中具备"育繁推"一体化能力的企业 109 家，仅占 1.5%[41]。目前，中国蔬菜育种子企业业开始面向市场终端，培养突破性新品种，如国内隆平高科、惠民科技等大型育种子企业业改革育种机制，以市场为导向，培养企业科技竞争力。

7.1.1.3 生物育种技术研究存在差距

中国蔬菜育种以杂交育种为主，培育了大白菜、辣椒、甘蓝等优质杂交一代品种。在蔬菜作物分子育种方面，中国自 2009 年起，通过科研单位主持与国际合作完成了黄瓜、大白菜、马铃薯、番茄、西瓜、甘蓝等基因组测序，构建了主要蔬菜高密度 SNP 遗传连锁图谱，标记定位了一批与抗病性、蔬菜产量等相关的基因[42]。进入 21 世纪以来，生物学科交叉融合发展，生物理论与技术创新不断涌现，遗传学在分子层面有突破性进展，基因编辑技术成为全球新兴育种技术，在玉米、大豆、小麦等农作物中应用广泛，在蔬菜作物育种方面尚未推广。2021 年，日本批准日本筑波大学和企业共同研发的基因编辑番茄销售，其中包含的 γ - 氨基丁酸含量是天然品种的 4 ～ 5 倍[43]。目前，基因编辑育种在中国蔬菜育种中尚未得到实际应用，抢占基因编辑育种先机是提高国内育种水平的重要机遇。

7.1.1.4 部分蔬菜种质面临"卡脖子"问题

目前，大白菜、甘蓝、黄瓜、辣椒、萝卜等蔬菜作物主要以国产品种为主，经过 40 余年的蔬菜育种工作，中国自主选育的蔬菜品种达到 87%[44]。但部分蔬菜品种，如青花菜、抗病杂交菠菜、耐抽薹大白菜、孢子甘蓝等蔬菜的进口种子市场份额较大，达到 80% 以上。部分蔬菜品种的国外种质认可度较高，如辣椒品种中的保加利亚尖椒、奥地利 7714、以色列尖椒等，观赏性较强，耐低温、耐弱光，在果实整齐度方面具有一定优势。国外种子占比较大的蔬菜品种目前在国内得到重视，育种子企业业与科研机构已开展部分蔬菜品种的育种研究。种子是农业的"芯片"，掌握蔬菜育种技术是保障蔬菜供应的关键。

7.1.1.5　育种者知识产权难以保障

《中华人民共和国种子法》是中国与种子相关的第一部法律，自 2000 年起正式实施，2021 年进行了第四次修订。未修订前的《种子法》对于套牌种子等侵害育种者权益的行为无法进行有效约束，种业存在急功近利与种质同质化严重等问题，仿种子、套牌种子等侵权行为对育种者的创新积极性造成打击。种业侵权行为鉴定难、处罚轻，使育种者无法受益于研发成果，育种产业陷入负向循环。

7.1.2　中国蔬菜育种启示与建议

7.1.2.1　重视优质种质资源的开发与保护

对蔬菜种质资源既要注重"开发"，也要注重"保护"。中国本土的蔬菜种质资源数量较多，应加强对本土蔬菜品种的开发，对于具有抗病抗逆的优质蔬菜品种要注重保护工作。农业农村部全国农业种质资源普查资料显示，中国存在地方农作物品种消失风险加剧、野生农作物资源减少的问题，野生物种的消失不仅影响生物多样性，也会造成优异基因流失。同时，要注重收集国外优质蔬菜品种，扩大国内蔬菜种质资源，结合国外种质资源的优点培育国内蔬菜新品种。

7.1.2.2　完善蔬菜育种的产学研体系

蔬菜育种工作需要科研单位、高等院校和蔬菜企业等主体共同完成，形成分工明确、产学结合、研用结合的分工体系。科研单位与高等院校在蔬菜育种工作中应主要承担育种材料与方法的研究，蔬菜企业应承担蔬菜品种的选育工作，但这种分工并不是绝对的，科研单位与高等院校也可以进行蔬菜品种的选育，而企业也可以从事蔬菜育种的基础工作，如圣尼斯和德澳特两家蔬菜种子企业在分子生物学研究方面取得了突出的成就。科研单位应加快建设蔬菜国家重点实验室，强化蔬菜种质资源的原始创新；企业以市场为导向，推进产学研新种质协同创新与共用 [45]。

7.1.2.3　加大对蔬菜育种子企业业扶持力度

国际种业公司规模较大，具有完整的种质收集、评价、繁育、推广的机构与研究团队，中国蔬菜企业数量增长较快，但规模较小，育种类型单一，科研能力薄弱，企业呈"小弱散"的特点。中国企业利润率低，企业商品种子销售收入仅由 2012 年的 731.9 亿元增长到 2019 年的 742.9 亿元[46]。要广泛吸引社会资本投入种业企业，引导种业企业加大对蔬菜商业化育种的投入。

7.1.2.4　推进生物育种技术研究

中国应进一步完善杂种优势育种、抗病育种等常规育种技术，扩大育种的蔬菜种类。研究杂种优势的分子机制，完善蔬菜抗病抗逆等性状的鉴定与筛选技术[42]。推进关于生物育种技术在蔬菜作物方面的基础研究与实践应用，在基因编辑育种等技术领域占领蔬菜生物育种的制高点。

7.1.2.5　保护蔬菜育种者知识产权

2021 年，《中华人民共和国种子法》进行第四次修订，种子法的修正对促进育种产业发展、保护知识产权、保障国家粮食安全方面具有重要意义。允许并授权实质性派生植物品种，保护育种者的研发成果，是促进育种产业与育种工作者形成正向有效循环的有力举措。此外，还应加大对侵权者的惩罚力度，完善侵权赔偿及法律责任制度，对种质资源的选育与保护工作实施奖励制度，提高育种企业的研发能力与育种积极性。

7.2　中国辣椒育种与产业发展建议

7.2.1　中国辣椒育种与产业发展问题

7.2.1.1　种质资源挖掘利用不足，产品同质化严重

中国不是辣椒起源地，种质资源相对狭窄，中国在自育品种的

同时，还从荷兰、韩国、美国等国引进了彩色观赏品种和食用栽培良种[47]，近年来中国辣椒进出口规模持续扩大，但目前种质资源的收集、引进和研究的深度还不够，尤其是针对野生资源和特异性资源的挖掘和充分利用能力欠缺[48,49]。2021 年，中国辣椒品种权申请数量为 226 件，实际授权量为 75 件，占比仅为 33.19%，很多品种无法通过植物新品种测试（DUS），同质化严重[50]，加之前沿技术与育种实践结合不够，种源精准挖掘、鉴定、评价和检测技术相对滞后，种质资源共享利用不足，优质资源利用率不高。

7.2.1.2　现有综合抗病性强的品种少，抗病育种难度大

中国辣椒种植面积逐年上升、分布广泛，反常气候频发、化肥过量施用、耕作方式不当等是辣椒新病害不断出现的主要原因，目前中国市场对辣椒抗病的要求越来越高，只有抗两种以上病害（细菌、病毒或真菌）的专用辣椒品种才能满足市场需求，抗病育种和抗病机制研究仍然是辣椒育种的难点和热点[51]，但由于中国辣椒种质资源有限，抗病基因单一，主要病害如疫病、疮痂病、炭疽病和一些病毒病的国内研究较少，发文量滞后[52,53]，很多品种的抗病性利用不够，性状难以区分，使得深入研究辣椒抗病育种难度加大。

7.2.1.3　分子生物技术存在"卡脖子"问题，基因编辑育种尚未实际应用

目前，应用于蔬菜的杂交育种技术已相对成熟和普及，一些重要育种技术，如全基因组关联分析和分子标记辅助选择育种技术在黄瓜、大白菜、甘蓝等作物上广泛运用[42]，发达国家如美国、法国、荷兰、韩国等针对辣椒分子标记辅助选择育种的研究也已应用于抗病育种和品质育种中[54]。中国的分子标记辅助选择育种技术起步较晚，近年来虽在辣椒遗传多样性分析、遗传图谱构建和基因精细定位等方面取得了一些进展，但标记数量较少、种类单一、成本

较高[55]。此外，由于辣椒基因组相对较大，尽管已有全基因组序列和基因组编辑工具，但缺乏稳定的转化体系，辣椒的基因编辑仍处于起步阶段[56]。

7.2.1.4 知识产权保护力度不足，种子企业缺乏核心竞争力

2021年，《中华人民共和国种子法》进行了第四次修订，进一步加强了对植物新品种所有人合法权益的保护，尽管我国在种子知识产权维护方面已经有了很大的进步，但由于蔬菜种子企业整体经营规模小而散、市场监管与执法难度大、知识产权维权成本高等原因，种子同质化、仿冒、套牌等行为时有发生[20,45]，如"华美105"植物新品种权侵权案等，在一定程度上打击了辣椒种子企业开展商业化育种的积极性。据统计，2021年我国农业植物新品种权授权量为3218件，其中辣椒新品种授权量75件，占比仅为2.39%[57]。国务院于2011年印发的《全国现代农业发展规划》提出，要构建以产业为主导、企业为主体、基地为依托、产学研相结合、"育繁推"一体化的现代种业体系。目前，科研机构是我国进行辣椒育种的主要单位，种子企业主要进行种子的推广与销售工作，据统计国内7372家农作物种子企业中仅有109家具备"育繁推"一体化能力[57]，大部分辣椒种子企业整体经营规模小、缺乏现代管理制度、深加工技术水平低、特色品牌建设能力不足[58]，加之企业之间在产品、包装、价格上的不良竞争，导致中国种子企业与发达国家相比竞争力差距较大。

7.2.2 中国辣椒育种与产业发展建议

7.2.2.1 瞄准市场需求，合理布局产业结构

好吃、好种、好卖、节本省工是辣椒产业发展的目标。辣椒产业要因地制宜，瞄准市场需求，精心做好调研认证，关注食品安全、高品质、降低辣度等消费者和市场趋势变化，要更加注重辣椒

产业的合理化布局。产业要发展，规划必先行。合理的产业结构布局是辣椒产业良性发展的基础，应对辣椒的种植、加工、销售等多个产业环节进行规划布局。在种植环节应合理规划生产基地的布局，选育特色品种，促进辣椒产业的基础生产，因地制宜地规划辣椒种植区域，如新疆海拔较高、日照时间较长，可以种植色素辣椒[59]；四川、重庆、贵州、湖南、云南等嗜辣地区可以种植朝天椒、线椒等。在加工环节要注重建设高质量、低成本、特色化的辣椒加工生产基地，形成辣椒品牌化优势，发挥龙头企业引领的积极作用[60]。在销售等产品流通环节，应充分发挥电子商务的优势，根据市场需求设定精准管理模式和营销策略，利用电子平台进行促销，使辣椒销售融入现代信息化商业的运作轨道[61]。

7.2.2.2　突破育种关键技术，培育专业性辣椒品种

辣椒国外资源与国内资源亲缘关系较远，遗传差异大，引入后可丰富我国辣椒遗传背景，因此可以从全球引进优质种质资源，扩大国内辣椒种质资源储备。在育种关键技术方面，一方面要努力突破分子标记技术在辣椒育种的"卡脖子"问题，利用基因工程育种、离体培养等方式打破生殖隔离，培育具有抗病性、适应机械化产收的辣椒品种；另一方面要尽快解决劳动力老化和短缺的问题，提升劳动力素质，提高种子生产技术和效率。同时，要加强辣椒育种在营养、风味、品质等方面的研究，注重培育高辣椒素含量的辣椒品种。在技术集成方面，要加强科研机构的高端专业人才培养，同时加强多学科联动进行技术研究，突破关键共性技术的同时要注重个性化技术，以品种的专业型促进产业的专业化。

7.2.2.3　发展信息技术，加强大数据育种平台建设

在信息时代，数据已成为继劳动力、土地、资本、技术等之后的新型生产要素，辣椒全产业链中会产生一系列数据，如生产数

据、科研数据、交易数据、仓储数据、物流数据等。目前，中国辣椒产业与大数据的融合还处于低层次阶段，应从政府层面重视顶层设计和战略规划，注重仪器化应用和智慧化管理，加强 5G 和物联网等信息基础设施建设，用智能化系统提升辣椒生产和管理的全程机械化水平；应重视大数据育种平台的建设，通过"云计算"挖掘采集结构化、半结构化数据，并建立统一标准储存、共享、维护数据[62]；在市场化方面，应注重产业大数据的采集发布、预警信息的发布，使产业风险处于可控的范围内，避免较大的价格波动，建立消费—流通—生产—消费循环性数据反馈机制，使物流、信息流、资金流实现网络化运营。

7.2.2.4 注重标准化建设，增强品牌市场竞争力

辣椒产业是农业经济的重要组成部分，云南、贵州等地积极发展辣椒产业，酱制辣椒、泡椒、剁椒等产品出口外销 40 多个国家。目前，我国辣椒公共品牌的塑造与推广不足，辣椒品牌知名度与辣椒产业需求仍有一定的差距，辣椒品牌存在"省内知名、省外无名"的问题，辣椒产业缺乏品质好、品牌好、名声响的辣椒加工企业[63]。应注重辣椒产业的标准化建设，建设国家级辣椒产销服务平台；利用辣椒产地的文化优势、资源优势和信息优势，提高辣椒产品的附加值，建立具有市场影响力和竞争力的辣椒品牌；加强地理区域辣椒品牌的建设，如"云南小米辣""贵州朝天椒"等，加强消费者对辣椒产品的认可和印象，通过品牌效应实现辣椒产品增值和辣椒产业增收[64,65]。

参 考 文 献

[1] 丁蕾，张俊红，王涛涛，等 . 蔬菜作物重要基因鉴定及其分子育种应用 [J]. 分子植物育种，2022，20(22): 7423-7431.

[2] MAHESH B, GHUGE L, ANIS M. Vegetable Breeding Strategies[J]. Asian Journal of Agricultural and Horticultural Research, 2021, 8(2): 28-37.

[3] 方智远 . 中国蔬菜育种学 [M]. 北京 : 中国农业出版社，2017.

[4] 刘旭，李立会，黎裕，等 . 作物种质资源研究回顾与发展趋势 [J]. 农学学报，2018，8(1): 1-6.

[5] 严智燕，张瑞香，黎宇 . 生物技术在育种中的应用 [J]. 安徽农学通报，2008(11): 93-94, 45.

[6] YU D, GU X, ZHANG S, et al. Molecular basis of heterosis and related breeding strategies reveal its importance in vegetable breeding[J]. Horticulture Research, 2021, 8(1): 120.

[7] KIM YC, KANG Y, YANG E Y, et al. Applications and Major Achievements of Genome Editing in Vegetable Crops: A Review[J]. Frontiers in Plant Science, 2021, 12:688980.

[8] PARK J, CHOE S. DNA-free genome editing with preassembled CRISPR/Cas9 ribonucleoproteins in plants[J]. Transgenic Research, 2019, 28(2): 61-64.

[9] 曾美娟，刘建汀，卓玲玲，等 . 全基因组关联分析在蔬菜育种研究中的应用 [J]. 中国蔬菜，2021(4):41-47.

[10] DU Q, LU W, QUAN M, et al. Genome-Wide Association Studies to Improve Wood Properties: Challenges and Prospects[J]. Frontiers in Plant Science, 2018, 9:1912.

[11] BAUCHET G, GRENIER S, SAMSON N, et al. Use of modern tomato breeding germplasm for deciphering the genetic control of agronomical traits by Genome Wide Association study[J]. Theoretical and Applied Genetics, 2017, 130(5): 875-889.

[12] HAO N, HAN D, HUANG K, et al. Genome-based breeding approaches in major vegetable crops[J]. Theoretical and Applied Genetics, 2020, 133(5):1739-1752.

[13] YANG J, ZHANG J, HAN R, et al. Target SSR-Seq: A Novel SSR Genotyping Technology Associate With Perfect SSRs in Genetic Analysis of Cucumber Varieties[J]. Frontiers in Plant Science, 2019, 10:531.

[14] 李慧楠，董军，王雅，等 . 抗根肿病大白菜品种抗性鉴定与性状评价 [J]. 中国瓜菜，2020，33(7): 39-43.

[15] 罗延青，王云月，赵德胜，等 . 抗根肿病甘蓝型油菜新种质的创制及抗性评价 [J]. 西南农业学报，2019，32(4):699-705.

[16] 邹庆道，朱华，张子君，等 . 优质抗病番茄新品种辽粉 186 的选育 [J]. 园艺与种苗，2021，41(8):45-46.

[17] 高存，宋建军，杜朝 . 番茄灰叶斑病抗病基因 Sm 分子标记的建立 [J]. 北方园艺，2019(22):22-28.

[18] 刘梦姣，黄庆岛，龙彪，等 . 广西樱桃番茄抗晚疫病材料的筛选 [J]. 北方园艺，2019(2):20-24.

[19] 王涛，张子君，张逸鸣，等 . 番茄抗斑萎病毒病基因 Sw-5 的分子标记及检测 [J]. 园艺与种苗，2021，41(10):10-12.

[20] 王立浩，方智远，杜永臣，等 . 我国蔬菜种业发展战略研究 [J]. 中国工程科学，2016，18(1):123-136.

[21] 丁海凤，范建光，贾长才，等 . 我国蔬菜种业发展现状与趋势 [J]. 中国蔬菜，2020(9):1-8.

[22] 侯富恩，郝科星，张涛，等 . 番茄抗 TYLCV 分子标记辅助聚合育种 [J]. 中国瓜菜，2019，32(1):18-21.

[23] 魏爽，张松，薄凯亮，等 . 黄瓜核心种质幼苗耐热性评价及 GWAS 分析 [J]. 植物遗传资源学报，2019，20(5):1223-1231.

[24] 吴晓花，汪颖，吴新义，等 . 瓠瓜 (Lagenaria siceraria) 白粉病抗性的全基因

组关联分析 [J]. 分子植物育种，2020，18(3):759-764.

[25] MUHAMMAD A, IZHAR M, SAEED Ul H, et al. The CaChiVI2 gene of Capsicum annuum L. confers resistance against heat stress and infection of Phytophthora capsici[J]. Frontiers in Plant Science, 2020(11): 219.

[26] 暴会会，尹竹君，王少坤，等 . CRISPR-Cas9 系统在蔬菜育种上应用研究进展 [J]. 江西农业学报，2019，31(7):38-44.

[27] 周书栋，殷武平，杨博智，等 . 湖南辣椒产业发展现状及存在问题与建议 [J]. 辣椒杂志，2020，18(2): 8-13.

[28] 龙娅丽 . 关注世界辣椒市场 [J]. 世界热带农业信息，2018，56(10):26-27.

[29] 徐艳文 . 西班牙的农业合作社和补贴保险政策 [J]. 中国畜牧业，2014，21(5):60-61.

[30] 仇华 . 2021 年辣椒产业分析简报 [EB/OL]. [2022-08-25]. https://www.agdata.cn/report/getDetailedReport.do?uid=47952.

[31] 桂敏，杜磊，张芮豪，等 . 云南省加工型辣椒产业发展概况 [J]. 农业工程，2019，9(6):70-73.

[32] 孟庆林，欧勇，孙鑫 . 中国加工型红辣椒产业发展现状 [J]. 园艺与种苗，2022，42(7):40-42.

[33] 袁小钧，钟世荣，吴华昌，等 . 火锅常用不同品种干辣椒感官品质差异研究 [J]. 中国调味品，2022，47(4):173-177.

[34] 王兴波，饶雷，王永涛，等 .9 个品种干辣椒的品质分析及评价 [J]. 食品工业科技，2022，43(18):300-310.

[35] 阙小峰，黄超群，方志成，等 . 天然辣椒碱提取方法及在食品中应用的研究进展 [J]. 中国调味品，2021，46(9):188-192.

[36] 胡付侠，初侨，白若熙，等 . 辣椒生物碱的活性与利用度改进技术研究进展 [J]. 食品工业科技，2021，42(15):412-419.

[37] 张超，马静静，刘青，等 . 天然食用色素——辣椒红色素的制备及其应用方式 [J]. 中国食品添加剂，2022，33(7):225-231.

[38] 王立浩，马艳青，张宝玺 . 我国辣椒品种市场需求与育种趋势 [J]. 中国蔬菜，2019(8):1-4.

[39] 付浩，夏忠敏，张小明 . 贵州辣椒产业集群建设项目的现状与建议 [J]. 耕作与栽培，2022，42(3):140-142.

[40] 付浩，夏忠敏，张小明 . 贵州省辣椒产业改革发展成效及对策建议 [J]. 南方农业，2022，16(11):68-72, 76.

[41] 农业农村部 . 农业农村部关于开展全国农业种质资源普查的通知 . [EB/OL]. [2022-08-25]. http://www.npc.gov.cn/npc/c30834/202110/b05ec4244ddb4fabb3eb 560c5452258d.shtml.

[42] 方智远 . 中国蔬菜育种科学技术的发展与展望 [J]. 农学学报，2018，8(1):12-18.

[43] 林敏 . 农业生物育种技术的发展历程及产业化对策 [J]. 生物技术进展，2021，11(4):405-417.

[44] 农业中国 . 蔬菜过度依赖"洋种子"？真相是什么？ [EB/OL]. [2022-08-25]. http://agri.china.com.cn/2020-09/30/content_41316678.htm.

[45] 王志丹，石鑫岩，张慧 . 我国蔬菜种业发展现状、问题及政策建议 [J]. 中国瓜菜，2021，34(9):120-123.

[46] 吉炳轩 . 全国人民代表大会常务委员会专题调研组关于加强种质资源保护和育种创新情况的调研报告 . [EB/OL]. [2022-08-25]. http://www.npc.gov.cn/npc/c30834/202110/b05ec4244ddb4fabb3eb560c5452258d.shtml.

[47] 生物通 . 辣椒行业发展趋势分析报告 [EB/OL]. [2022-08-25]. https://www.baogaozhiku.com/2308.html.

[48] 蔡芸菲，祝玮，蔡煜铧，等 . 浙江省蔬菜种业发展现状及建议对策 [J]. 浙江农业科学，2022，63(5):883-886.

[49] 石娜，胡春华 . 现阶段我国辣椒栽培现状和育种趋势 [J]. 安徽农学通报，2017，23(22):61-62，115.

[50] 章毅颖，褚云霞，邓珊，等 . 我国辣椒新品种保护及 DUS 测试现状 [J]. 上海农业学报，2019，35(5):101-105.

[51] 耿三省，陈斌，张晓芬，等 . 我国辣椒品种市场需求变化趋势及育种对策 [J]. 中国蔬菜，2015，35(3):1-5.

[52] 王立浩，张宝玺，张正海，等 ."十三五"我国辣椒育种研究进展、产业现状及展望 [J]. 中国蔬菜，2021，41(2):21-29.

[53] 蒋宏华. 基于我国辣椒育种技术现状与发展分析 [J]. 农业与技术，2021，41(1):90-92.

[54] 陈学军，方荣，周坤华，等. 我国辣椒育种现状与展望 [J]. 现代园艺，2011，18(6):44-45，16.

[55] 杨春文，林清，吴红，等. 分子标记技术在辣椒研究中的应用进展 [J]. 中国农学通报，2014，30(16):71-78.

[56] 唐笑，王桂香，刘凡，等. 基因编辑技术在蔬菜中的研究进展 [J]. 中国蔬菜，2022，42(8):17-30.

[57] 王洋. 我国农业植物新品种权申请量超 5 万件 [DB/OL]. [2022-11-02]. http://www.gov.cn/xinwen/2022-03/29/content_5682138.htm.

[58] 李萌，毛亦卉. 持续发展我国辣椒产业经济的思路与对策 [J]. 辣椒杂志，2008，8(4):1-6.

[59] 崔巍平，陈俊科，李欣. 新疆辣椒产业发展现状及对策 [J]. 现代农业科技，2022(13):195-197，201.

[60] 韦金福，陈德麟，吕达军. 辣椒栽培管理技术及产业发展对策 [J]. 南方农业，2021，15(35):21-23.

[61] 刘超. 中国加工辣椒产业现状及发展前景分析 [J]. 食品安全导刊，2018(21):55.

[62] 彭思云，罗燚，谢挺，等. 我国辣椒产业与大数据融合现状、问题与对策 [J]. 辣椒杂志，2019，17(3):35-39.

[63] 金晶，张小明，付浩. 贵州省辣椒产业发展现状及建议 [J]. 北方园艺，2021(21):152-156.

[64] 任宏程，李学林，桂敏，等. 云南特色辣椒产业发展现状及对策建议 [J]. 中国蔬菜，2022(8):7-12.

[65] 毛东，蒋华，童新红，等. 遵义朝天椒产业现状及发展思考 [J]. 中国蔬菜，2021(2):7-9.